起業家のように考える。

田原総一朗×起業家18人

ゼロからはじめるビジネス成功の方程式

プレジデント社

起業家のように考える。

ゼロからはじめるビジネス成功の方程式

まえがき

会社勤めだけが人生ではない、起業はおもしろいぞと広く知らしめたのは、二〇〇〇年代前半に綺羅星のごとく登場した堀江貴文だ。ただ、目立ちすぎた堀江は検察に目をつけられてやられてしまった。二〇一四年六月に刊行した対談集『起業のリアル』で話を聞いたポストホリエモン世代の若手起業家たちは、堀江が叩かれる様子を見て、なるべく敵をつくらずに自分たちのやりたいことを実現していくしたたかさを身につけていた。その姿に、ある種のたくましさを感じたものだった。

一五年四月に始めた雑誌「プレジデント」の連載「次代への遺言」で会う若手起業家たちには、さらに二つの大きな変化を感じている。

一つは、一一年の東日本大震災の影響だ。

ＦｉＮＣの溝口勇児さんは、将来の起業に向けて勉強中に震災を経験した。物資を届けに行った宮城県で、被災者から被害の様子を聞いて衝撃を受けたという。

「私は親戚が少なくてお葬式に出たこともなかったので、人の死についてリアルに触れたのはこのときがほぼ初めて。経験を積んでから経営者になろうとか、悠長なことを言っている場合ではないと痛感しました」

震災は日本にさまざまな形で爪痕を残したが、若手起業家たちの心にも何かを残したようだ。社会をビジネスで変えるという意識は、震災を機に高まっている。

もう一つは若者の起業意欲の高まりだ。ちょうど先日アメリカに約一年間留学していた編集者が帰国して興味深い話をしてくれた。

アメリカのジャーナリストを志すエリート学生の目指す就職先が、ニューヨークタイムズやCNNではなく、VICE MediaやBuzz Feedといった新興メディアに移っているそうだ。それだけではなく、自ら起業して新しいメディア企業をつくる者も続出しているという。シリコンバレーのある西海岸ならまだしも、東海岸の、しかも保守的といわれてきたメディア業界にも、その流れは来ている。その風潮はアメリカだけでなく、確実に日本にも現れている。

今回対談したメルカリの山田進太郎さん、スマートニュースの鈴木健さん、メタップスの佐藤航陽さんは一度も企業に就職することなく起業の道を選んだ。若い世代にとって、すでに起業は社会経験を十分に積んでからするものではなくなっている。

どうして若い人は企業に就職することに魅力を感じなくなったのか。その理由は、スペースマーケットの重松大輔さんの言葉に集約されている。

「ＮＴＴはキャリアステップが明確で、一〇年先の自分がはっきり見えるんです。当時、『あいつは四〇歳前後で何とか支店の課長になる』といわれていた同期の友人は、いま実際に某支店の課長になっています。先のことがきちんと計算できる世界はいい面もあるのですが、私は違和感を感じました」

重松さんは大企業の予定調和の世界に嫌気がさして、ベンチャーの世界へと飛び出したのだ。

大企業が昔から退屈だったわけではない。戦後はホンダの本田宗一郎やソニーの盛田昭夫といったチャレンジングな人間が企業をつくって、日本を元気にしようとしていた。ところが高度成長期に企業が大きく成長すると、悪い意味で成熟して「守りの経営」に入ってしまった。この傾向は、近年ますます強くなっている。大企業の含み資産は増加を続けている。安倍内閣は含み資産を従業員の賃上げや設備投資に回させて、景気をよくしようと目論んでいるがうまくいっていない。ちょっとやそっとの政策ではぶち破れないほど、企業は守勢を強めている。

守りの経営に入ると、企業は確実に売れるものしかつくらなくなる。思い切ったチャレンジをしない環境が、若い人にとっておもしろいはずがない。就活するより自分で何かやったほうがいいと考えるようになるのは、ごく自然な流れだろう。

一頃、ガッツのない若者を指して「草食系」と揶揄する言い方があった。しかし、それは昔を懐かしむだけの年寄りの繰り言に過ぎない。実際に若手起業家たちと議論してみれば、若い人たちが現状に満足しておらず、むしろチャレンジングな生き方を欲していることがよくわかる。大企業のなかでも新規事業などに挑戦する若者が増えている。

僕は、起業はもちろん、大企業のなかであっても挑戦し続ける若者たちを素直に応援したい。そして、彼らがつくる新しい世界を一緒におもしろがりたい。この対談集で若い起業家たちの生き方、考え方に触れることで共感の輪が広がり、自分も何かやってやろうと動き出す人たちが増えれば、日本はさらにおもしろくなると思う。

もくじ

第二章

どうやって、優秀な人を集めたの?

第三章

どうやって、お金を集めたの？

第四章

どうやって、お金を稼ぐの？

第五章

なんで、会社辞めちゃったの?

第一章

どうやって、思いついたの？

帰国したら
みんなが「ふるふる」してました

メルカリ社長

山田進太郎

一九七七年、愛知県生まれ。東海高校卒業後、早稲田大学教育学部に進学。大学時代に楽天のインターンとして「楽天オークション」の立ち上げに携わる。楽天の内定を断り起業。「映画生活」「フォト蔵」などのサービスを立ち上げ、二〇〇九年にぴあ社に事業を売却。モバイルゲーム事業に注力し、一〇年に米ソーシャルゲーム大手Zyngaに売却。その後、Zynga Japanに移るも二年で退職。一三年コウゾウ（現メルカリ）を創業し、フリーマーケットアプリ「メルカリ」をスタート。一四年には米国でサービスを開始し、サービス開始二年半で日米二九〇〇万ダウンロードを突破した。

スマホでウインドウショッピング

田原　メルカリは、個人が売りたいものを出品して個人が買うフリーマーケットアプリです。僕は使ったことがないので、どういうものか教えてください。この中で、どれくらいの商品が売買されているのですか。

山田　出品は一日数十万品あります。

田原　どうやって探すんですか？

山田　メンズやレディースなどいくつかカテゴリーがあって、フェイスブックやツイッターのタイムラインみたいに出品情報が流れてきます。それを見て、いいなと思ったら購入申請をします。ウインドウショッピングに近い感覚ですね。

田原　値段は交渉できるんですか。

山田　できます。たとえば三〇〇〇円で出品されている商品に「二五〇〇円なら買いたい」とコメントをつけて、それを読んだ出品者が値段を変えることもあります。

田原　オークションとは逆で、お客が値切れるわけね。ほかに、ヤフオクのようなオークションサイトとの違いはありますか。

山田　われわれはCtoCにこだわっていて、スモールBtoCを排除しているところが大きいと思います。

田原　スモールBって何ですか。

山田　簡単に言うと、個人と企業の中間的な存在。たとえばナイキのシューズを一〇〇足くらい安く仕入れてきて転売する、半分業者みたいな人たちですね。オークションサイトには、スモールBやBと言われる人たちが七割いると言われています。その結果、オークションサイトは個人間取引というよりショッピングに近くて、出品のルールも厳しくなっています。一方、われわれは個人だけなので、売るほうも買うほうも、素人が素人なりにできる気軽さがある。そこが大きな違いです。

田原　素人同士だからハードルが低い。トラブルも起きそうだけど。

山田　売買が成立した後、代金はいったんわれわれの口座に入ります。出品者への代金の引き渡しは購入者が中身を確認してからなので、物が届かなかったり、届いても偽物だったりすると、購入者に返金できる。事故が起きたときにもサポートできる仕組みになっています。

田原　いま会社の規模はどのくらいですか。

山田　累計ダウンロード数で、二九〇〇万を突破しました。ただ、対外的に必要だから公開しているだけで、重視はしていません。日々、ユーザー数やトランザクション（取引）がどれくらいかという動きを大事にしています。

社員の半数以上がカスタマーサポート

田原　山田さんは、メルカリはシェアリング・エコノミーの大きなトレンドの中にあるとおっしゃっています。シェアリング・エコノミーと言うと自家用車をシェアするUberや民泊のAirbnbが思い浮かびますが、フリマも同じなんですか？

山田　フリマは売買なので、同時に一つの物をシェアするわけではありません。ただ、売買といっても、ユーザーに商売っ気はない。それよりも、たとえば着られなくなった子ども服を、大切に使ってくれる人に引き継いでほしいという思いで出品している人が多いんです。結果としてお金が手に入りますが、そのお金は出品されている物を買うのに使われていく。このように物がメルカリの中でぐるぐる回っている状態は、まさにシェアリング・エコノミーと言っていいかと思います。

田原　いま競合はあるんですか。

山田　僕らがうまくいったのを見て、LINEや楽天、ZOZOTOWNも、参入してきました。ただ、ほかのフリマアプリは意識していないです。僕らは二位以下の企業に比べて一〇倍以上なので。

田原　どうしてライバルとなる会社が出てこないんだろう。

山田　僕たちが重視しているものの一つに、カスタマーサポートがあります。カスタマーサポートの質は、ブランドイメージを左右します。「メルカリはサポートがいいよね」と思ってもらえたら、その後も使ってもらえる。社員は二〇〇人を超えましたが、半数以上がカスタマーサポート。そうした体制がユーザーの支持につながっているのかもしれません。

田原　いいカスタマーサポートって、どういうものですか？

山田　理想としているのは、靴や衣料品のECで成長した米Zapposです。アマゾンや楽天だと、問い合わせ先を見つけるのが大変で、ほとんどの人は仕方なく商品写真を見て自分で判断します。それに対してZapposは電話番号がわかりやすいところに書いてあって、問い合わせると丁寧に回答してくれる。だからユーザーの満足度がとても高い。

田原　アマゾンや楽天は、どうしてわかりやすくしないいんですか。

山田　第一世代のインターネットサービスは効率重視。きめ細かい対応をしない代わりに、サービスを安く提供してくれます。ネット証券もそう。営業マンがいない代わりに、売買手数料を抑えているわけです。

田原　Zapposやメルカリは、逆のことをやっているのですか。

山田　そうです。Zapposは通常の問い合わせどころか、カスタマーサポートに何を聞いても構わないと言っています。極端な話、明日の天気を問い合わせてもいい。ホテルで言うとリッツ・カールトンが顧客の要望にけっしてノーと言わない接客をしていますが、それに近いです。

田原　お金がかかりませんか?

山田　たしかにお金はかかります。でも、丁寧な対応をした結果、ファンがついてリピートしてくれたら、いずれ収益として返ってくる。僕らもユーザーとそういう関係を築くことを目指しています。

田原　山田さんは大学四年のときに楽天から内定をもらって、インターンとして働き始めたそうですね。

山田　当時楽天はまだ二十数人ぐらいでした。僕はオークションをつくるチームでした。世界最大級のオークションサイト、イーベイの規約を調べたりしていました。三木谷浩史さんと直接ミーティングする機会も多く、ビジネスの基礎力をつけさせてもらいました。

田原　でも、楽天には入社しなかった。これはどうしてですか？

山田　壮大な勘違いをしたんですよね。楽天でオークションをゼロから立ち上げるために、競合の状況を調べたり、独学でプログラミングも覚えました。結局、立ち上げたサービスはヤフオクにかなわなくてコテンパンにされるのですが、サービスの立ち上げを通して学んでいるうちに、これなら自分もフリーでできるんじゃないかという気がしてきて、内定を辞退しました。

衝撃だったＬＩＮＥの大ヒット

田原　その後はどうしたのですか。

山田　「映画生活」という映画のコミュニティサービスを立ち上げました。僕は映画が好きなのですが、当時は映画の動員数や興行成績はわかっても、見た人が自由に評価をしたり、ネタバレの感想を書き込めるようなコミュニティサイトがなかった。それなら自分でやってみようと。

田原　これは起業してやったの？

山田　最初は趣味の延長です。二〇〇一年にウノウという会社にして、〇五年に株式会社にしました。

田原　ウノウでは、どんなことをやったんですか。

山田　当初は「映画生活」や写真共有サイト「フォト蔵」といったインターネットサービスを運営していました。ただ、このまま頑張ってもグローバルなサービスにはならないというストレスがありました。「映画生活」はもともとドメスティックなサービスだし、写真共有サイトは世界に競合が多い。では、日本独自の強みがあるものは何なのか。そう考えたときに目についたのが、モバイルとゲームでした。これなら世界で勝負できると考え、ソーシャルゲームにシフトしました。〇八年くらいです。

田原　ところが一〇年に会社を売却します。なぜですか？

山田　売ったのは、やはり世界でやりたかったからです。売却先はZyngaという世界最大のソーシャルゲーム会社。当時はPC中心ですが、月間三億人くらいのユーザーがいて、その傘下に入ってパブリッシュ力を使えば僕らが海外に行けるチャンスも広がると判断しました。世界で勝負するというミッションと独立性を比べて、ミッションを取った。ただ、結局はここも辞めて独立しました。

田原　どうして？

山田　やりたいことができなかったんです。きっかけとなったのは、メッセンジャーサービス。韓国に行ったとき、カカオトークというサービスを見て、これは絶対に流行ると確信しました。さっそく会社に稟議書を出しましたが、通すのに半年かかってしまった。いざつくり始めたら、こんどはアメリカの本社から「日本向けのゲームに集中しろ」と言われて、プロジェクトがストップ。そのうちにＬＩＮＥが出てきて、あっという間に普及しました。

田原　メッセンジャーサービスをやろうとしたのはＬＩＮＥより早かったのに、それができなかったと。

山田　つくり始めたのが遅かったので、会社から止められなくても結局はＬＩＮＥのほうが先だったと思います。ただ、ほかにも本社からの指示でプロジェクトがキャンセルされたことがあって、やっぱり自分でやらなきゃダメだなと感じました。

田原　その後、世界一周したそうですね。何か収穫はありましたか。

山田　半年強かけて二十数カ国回りました。いま振り返ると、あのころ自分の世界観が確立した気がします。飛行機をなるべく使わずに電車やバスで移動していたのですが、自分の身体を使って移動していると、地域ごとの文化の違いだとか、豊かな国と貧しい国があることが肌感覚でつかめてきた。これはいま世界展開するうえで役に立っています。

田原　その後、メルカリを始められる。

山田　帰国して衝撃的だったことがありました。旅立つ前はガラケーが主流で、連絡先を交換するのも赤外線通信だったのに、帰国したらみんなスマホを持っていて、「連絡先？　ＬＩＮＥでふるふるしましょうか」となっていた。スマホで個人と個人がより簡単につながるようになっていたんです。もともと個人間取引はおもしろいと思っていましたが、ヤフオクには太刀打ちできない。ひっくり返すならスマホが普及したいまだと。それでメルカリをつくりました。

田原　山田さんは、自分はリバタリアンだとおっしゃっている。

山田　国という枠組みがあることで秩序が保たれていることは理解しているし、それを否定するつもりはありません。ただ、僕はいいサービスをつくって、できるだけ多くの人に使ってもらいたい。そのために規制は少ないほうがいいし、国境も自由に越えられたほうがいい。その意味でリバタリアンと言っています。

田原　実際、メルカリは早くから世界を視野に入れていますね。

山田　いまアメリカでやっているのですが、早くヨーロッパもやりたいし、いずれは途上国まで広げたい。最終的には、日本で車を出品したら、アフリカの人が買うみたいな世界をつくっていけたらいいなと。

米で成功すれば世界基準になる

田原　いまアメリカに従業員は何人いらっしゃるんですか？

山田　約三〇人です。ダウンロード数で言うと、五〇〇万～六〇〇万。アメリカでは販売手数料無料でやっているので売り上げはゼロですが、やろうと思えばすぐ黒字化できるという段階まできています。

田原　なぜアメリカからなんですか。世界を攻めるなら近場のアジアからという考え方もあると思うけど。

山田　アメリカが世界の縮図だからです。アメリカの多様な人種の中で受け入れられるサービスをつくれば、世界のどこででも通用します。実際、フェイスブックやグーグルなど、世界中で使われているインターネットサービスはほとんどアメリカ発。アメリカは市場の競争が激しく、人件費も高くて大変ですが、アメリカで成功しなければ世界はないと考えています。

田原　日本発じゃ無理ですか。

山田　日本からだと、自分たちは世界に向けたつもりでも、どうしても日本っぽいサービスになってしまうんです。僕たちもアメリカに行ってはじめて、何がユニバーサルなサービスなのかがわかりました。

田原　具体的に言うと？

山田　文字に頼った説明はダメですね。日本では商品にいろいろ注意書きがついているのが普通ですが、アメリカだと文字の説明がなくても一目で「これはやっちゃいけない」とわかるデザインにしないといけない。僕たちもやっているうちに日本版はごちゃごちゃ説明が増えてしまっていたので、いまはアメリカ版に合わせてすっきりさせました。

田原　おもしろい。変えた後、日本のユーザーの反応はどうでした？

山田　とくに変わりなかったです。日本人も、すでに日常的にフェイスブックやGメールを使っています。それらを問題なく使っているのだから、日本のユーザーのために日本っぽくする必要はない。そこは間違えてはいけないと思います。

田原　アジアはどうですか？

山田　メルカリのビジネスを展開するには、決済と物流のインフラが必要です。日本は支払い方法がたくさんあるし、安価に早く物を届ける物流網もある。アジアはまだ整っていないので、現段階ではちょっと早い。欧米の後に、インフラが比較的整っている台湾あたりから入って、タイやベトナムといったところに広げていくことになると思っています。

田原　わかりました。世界展開、注目しています。

イエモンの『JAM』を聴いて世界進出

スマートニュース会長

鈴木健

一九七五年、長野県生まれ。九八年慶應義塾大学理工学部物理学科卒業後、東京大学大学院へ進学。二〇〇二年に経済産業省所管、情報処理推進機構の未踏ソフトウェア創造事業における天才プログラマー・スーパークリエータに認定される。一二年ニュースまとめアプリSmartNewsの前身である「Crowsnest（クロウズネスト）」を、米国のイベントSXSW（サウスバイサウスウエスト）に出展。日本でSmartNewsのアプリを提供開始。一三年、主著『なめらかな社会とその敵』を出版。学術書としては異例のベストセラーに。一四年北米でスマートニュースのサービスを開始。一六年、ダウンロード数が日米一五〇〇万を突破した。

ヤフーのニュースとどこが違うか

田原　さっそく教えてください。鈴木さんが二〇一二年にはじめられたSmartNews（スマートニュース）は、ヤフーのニュースと何が違うのですか？

鈴木　大きな違いは二つあって、一つは使いやすさです。じつはスマートニュースの前にもいろいろなところがニュースアプリを出していました。たとえば日経新聞のアプリもあれば、ニフティやヤフーもあった。ただ、それらは使いづらくて、人気もありませんでした。

田原　ヤフーでニュースを見る人は多いと思っていたけど、違うんですか？

鈴木　ブラウザーでヤフーのニュースを見る人はたくさんいましたよ。でも、アプリを使って見る人は少なかった。当時、AppStoreというアップルのストアでニュースカテゴリー一位のアプリは、全体ではだいたい二五〇位から三〇〇位。ユーザーはおそらく一〇万、二〇万というレベルだったんじゃないでしょうか。

田原　スマートニュースは？

鈴木　出した翌日にAppStoreの四位になりました。ノンプロモーションだったので、びっくりしました。

田原　さっき、スマートニュースは使いやすいとおっしゃった。実際に触ってみて気づきましたが、ヤフーはニュースのヘッドラインが並ぶだけなのに、スマートニュースは新聞みたいに写真がついて、記事の大きさがまちまちになっている。

鈴木　レイアウトはかなり意識しています。あと、使いやすさという点でいうと地下鉄で読めることも大きかったです。僕がスマートニュースの企画を考えていたのは四年前。当時は電波状況が悪いところが多くて、スマホを持っていてもゲームをするくらいしかありませんでした。地下鉄で周りを見回すとみんなゲームばかり。ふと自分のスマホに視線を落とすと、やっぱり僕もゲームを開いていた（笑）。でも、スマホが普及する前はみんな車内で新聞を折りたたんで読んでいたのだから、ニュースの需要がないわけじゃない。だから電波がなくても読めるようにしようと共同創業者の浜本階生に提案して、電波のあるところで一回アプリを起動しておけば、あとで電波がないところでも読めるようにしました。

田原　ヤフーとは違う点が二つあると言いましたね。使いやすさと、もう一つは何ですか？

鈴木　ヤフーニュースは二五人程度の編集チームがあって、載せる記事をセレクションしています。スマートニュースも同じく人間の力で記事を選ぶのですが、二五人ではなく数百万人の力を使います。

田原　あれ？　機械の力で自動的に記事を選ぶって聞いたけど。

鈴木　そこは少し誤解があります。ヤフーは二五人程度の編集部員が記事を選びますが、何を選ぶのかについて、二五人の意見がばらばらになることもあるかと思います。そのときはおそらくデスクが決めるとか、議論をして投票をするとか、何らかのアルゴリズムで意思決定しているはずです。じつはスマートニュースも構造は同じです。数百万人ものユーザーによって載る記事が決定されていきます。ただ、数百万人いると、会議を開いて意見をまとめることはできない。その意見集約に人工知能という機械の力を借りているのです。選んでいるのはユーザーという人間の力を集めた集合知です。

田原　もう少し詳しく説明してもらえますか。

鈴木　ユーザーがどの記事を何秒間読んだのかというデータはさまざまな視点で分析されます。たとえばよくタップされるものの、離脱時期が早い記事は、タイトルは扇情的だけど中身がない〝釣り記事〟で、読む価値が低いかもしれない。

田原　そういうことを誰か特定の人ではなく数百万人の集合知で判定して、一日一〇〇〇万件の記事の中から一〇〇〇本くらいに記事を絞っていくわけです。

鈴木　なるほど。最近、キュレーションという言葉をよく聞くけど、スマートニュースはユーザーがキュレーションしているわけだ。

田原　そうですね。ただ、個人的にはキュレーションと言われることに対して若干の違和感はあります。そもそもキュレーションは美術館で展覧会を企画するキュレーターからきている言葉で、キュレーションすることは、キュレーターの思想の表現と言っていい。でも、集合知で選ぶスマートニュースが思想の表現かというと、ちょっとピンとこない。僕自身はキュレーションという言葉は使わず、ニュースアプリと言っています。よくスマートニュースもキュレーションサービスと言われますが、それはもうしょうがないという感じで見ています。

中学で社会に行き詰まりを感じた

田原　今日はぜひおうかがいしたかったことがあります。鈴木さんはＩＴやメディアの人かと思ったら、もともと気鋭の研究者で、『なめらかな社会とその敵』という本をお書きになっている。ごく単純に言うと、この本で鈴木さんは、境界線を取り払ってなめらかな社会にしようとおっしゃっている。行き詰まりを感じ始めたのは、いつごろからですか？

鈴木　中学生のころですかね。ベルリンの壁が壊れて冷戦が終わった直後は、理想主義が強かったですよね。フランシス・フクヤマは『歴史の終わり』を書いて、大きな戦争はもう起こらないと言いました。僕も、そうだといいなと思っていました。

田原　うん。中曽根康弘も冷戦が終わったとき、「これは神が人類にくれた休息の時間だ。いまこそ人類は世界平和を考えるべきだ」と僕に言った。

鈴木　ところが現実には湾岸戦争が起きて、必ずしも理想的な状況にならなかった。理想主義が現実主義との戦いに敗れてしまったわけです。

田原　どうして理想主義が負けたんだろう。

鈴木　現実を直視していなかったからじゃないですか。戦争が起きるのは生命の本質であり、それがない世界をつくるのは本質的に難しいということがわかっていなかった。

田原　ん？　生命の本質って？

鈴木　生命は資源がないと生きていけません。外部から何らかの物質を中に入れて、中で化学反応を起こしてエネルギーを取り出して、残ったものを外に出す。この代謝システムが生命の本質です。これは国家も同じです。貿易して外から資源を持ってきて、代謝させることで自己を維持させています。ただ、資源というものは有限であり、人口が増えている状況では奪い合わざるをえない。その現実を直視していなかった。

田原　だけどいま石油の価格はどんどん下がっています。足りないなら上がらないといけないはずだけど。

鈴木　石油の専門家ではないので詳しいことはわかりませんが、いま価格が下がっているのは短期的な現象でしょう。資源の需要と供給は、人口に左右されます。中長期的には人口が増えているのだから、やっぱり資源の奪い合いは起きる。人口予測で言うと、世界の人口は二一〇〇年ごろにピークを迎えて一〇〇億人に達すると言われていますから、今後一〇〇年間くらいは非常に危険な状況が続くんじゃないでしょうか。

田原　資源を奪い合うのが生命の本質だとしたら、どうすればいい？

鈴木　生命は「核」と「膜」で境界線をつくって、内に資源を囲い込もうとします。

田原　この機能を弱めて、世界を「網」としてとらえる仕組みをイノベーションによってつくっていこうというのが、僕の考えです。

鈴木　ごめんなさい、抽象的でよくわからない。具体的に聞きます。鈴木さんの言葉で言うと、国境というのは「膜」ですね。それを守るために、いま軍隊が存在している。これはもういらない？

田原　軍隊をなくすのは無理だと思います。ただ、いま中央集権的な仕組みで運営されている軍隊を、分散的な仕組みでやることは可能なんじゃないかと。

鈴木　分散って、国連みたいなイメージですか。

田原　いや、国連も単位が国です。僕が言っているのは、もっと細かい単位の分散です。たとえば個人とか。

鈴木　個人じゃ軍隊持てってこないじゃない。スイスみたいに、全員が武装するってこと？

田原　近いです。ただ、スイスの全員武装は、あくまでもスイスという国を守るための方法論です。それよりも、スイスという単位自体をなめらかにしていこうと。

鈴木　要するに、鈴木さんは国なんてないほうがいいと？

田原　国の存在を全否定しているわけではありません。ただ、国民国家のリスクは認識したほうがいい。もともとヨーロッパで王権から市民社会に移行したときに国の再定義が行われ、国民国家というものが発明されましたが、それによって国民国家同士の同盟が起き、大きな世界戦争が二回起きてしまった。悲劇を繰り返さないためには、集団安全保障など、国民国家をベースにした統治の方法論を洗練させることが大切です。しかし一方で、国民国家に依存しない新しい社会のあり方を模索する必要もある。もう少し具体的に言えば、国家と国民が「一対n」の関係ではなく「n対n」、つまり一人が複数に所属することを前提とした仕組みがいるんじゃないかと思います。

考案のきっかけはイエモンの『JAM』

田原　やっぱりよくわからない。でも、キリがないから次に行こう（笑）。いま説明してもらった「なめらかな社会」と、スマートニュースのビジネスはつながってるんですか。

鈴木　はい。ザ・イエロー・モンキーというバンドの『JAM』という曲をご存じですか。そこに「外国で飛行機が落ちました。ニュースキャスターは嬉しそうに

『乗客に日本人はいませんでした』」と言ったという歌詞が出てきます。これは象徴的な歌詞で、既存のニュースメディアは日本人に向けて発信されている。つまり国民国家を前提としたメディアであるということがわかります。僕は国家単位のニュースがいいとか悪いという議論をするつもりはありません。ただ、オルタナティブとして、国民国家を前提としない情報伝達の仕方があってもいいんじゃないかと思ってます。

田原　それがスマートニュースをつくるきっかけになったと。

鈴木　新しいニュースの仕組みをつくろうと考え始めたのは〇四年です。ちょうどそのころ、フェイスブックやミクシィなどのSNSが出てきました。SNSをベースにしたら、情報を国単位で切る必要はなく、世界の裏側の情報も手に入れば、自分の身のまわりの情報も手に入るという仕組みができるはず。そういうことが実現できるサービスを〇四年ごろにつくっていました。その後、浜本と出会い、一一年に「Crowsnest（クロウズネスト）」というニュースリーダーをつくりました。

田原　これはうまくいったんですか？

鈴木　いや。最初はもっと多元論的なものを目指していたのですが、制約があって、世界全体と身近なものという二元論をミックスした簡略化バージョンになってしまって。わかったことは「パーソナライズされたニュース」というコンセプトは多くのユーザーにとって興味を引かれるものではなかったということです。

田原　パーソナライズされたニュースはダメですか。

鈴木　僕自身は、とても興味があります。でも実際にサービスを出してみると、そっちが好きな人は一％くらいしかいなかった。ほとんどの人は個人的な関心より、世間のみんなが関心を持っているニュースを知りたいようです。

田原　そうですか。

鈴木　みんなパーソナライズされたニュースの価値を暗黙的には認めているんですよ。フェイスブックが流行ったのも、友達の最新情報が流れるから。ただ、明示的に「これはパーソナライズされたニュースです」と言うと、途端に反応が鈍くなる。

田原　その反省に立って新たにつくったのが、スマートニュースだった。

鈴木　マーケットを考えたというより、自分たちが便利だと思うものを素朴につくっただけです。ただ、パーソナライズをやめて、世の中一般の人が知りたいと思うゼネラルニュースにしたのはたしかです。

田原　ゼネラルに舵を切ったのはどうしてですか。パーソナライズばかりだと、自分の興味のある分野しか見なくなって視野が狭くなる「フィルターバブル」が起きると言われていますね。

鈴木　フィルターバブル問題を指摘したイーライ・パリサーは、フィルターバブルが民主主義の基盤を壊すと言っていて、僕も彼の主張には一定の根拠があると思っています。自分の興味、関心を深く掘っていくことは大事だけれど、一方で視野が狭くなりすぎるのもリスクがある。スマートニュースは、ユーザーに発見を提供することでフィルターバブルを打開していきたいです。

田原　じゃあ、これからもゼネラルニュースに特化していく？

鈴木　そこはバランスで、今後はパーソナライゼーションを入れていくことも考えています。食事も毎日ラーメンとかカレーだと、栄養バランスが偏ってよくない。ニュースも同じで、世界の裏側から身近なところまで、適切なバランスがいいなと。

田原　これは最初に聞いておくべきだったけど、スマートニュースはどうやって儲けているのですか。アプリは無料ですよね？

鈴木　はい。ユーザーは無料で、広告でお金をもらっています。

田原　ニュースは取材しているわけではなく、他のいろんなメディアから引っ張ってくるわけですよね。メディア側にお金は払ってるんですか。

鈴木　メディアの考え方に合わせて個別にやっています。たとえばある程度のトラフィックがあるメディアに関しては、専用チャンネルをつくってもらって、その面の広告収益の四〇%を還元しています。

独自コンテンツをつくらない理由

田原　いま新聞の部数は下がっていますね。既存のニュースメディアはネットに活路を求めようとしていますが、それも苦戦している。鈴木さんのところみたいに収益化に成功したところが、将来、自分のところで取材してコンテンツをつくるという方向にはいかないのですか。

鈴木　目下、スマートニュースで独自に記事をつくるということは考えていないです。自分たちでコンテンツをつくると、どうしても自分たちのコンテンツを応援したくなって、ニュートラルではなくなってしまいます。それよりも、いい記事

田原　をつくってくれる組織やチームをサポートしたほうが業界全体にプラスかと。

鈴木　鈴木さんのところが入り口になって、既存のメディアにお金が還流する仕組みをつくっていくということですか。

田原　はい。ただ、既存のメディアだけではありません。最近はデパート的な大きなメディアだけでなく、数人でやっているブティック的なメディアが続々と登場しています。そうしたメディアが成り立つようなシステムをつくっていきたいなと。

鈴木　ところでスマートニュースは早い段階でアメリカに進出していますね。どうしてアメリカに？

田原　理由は二つあります。一つは、個人的な気持ちです。約一五年前、初めてシリコンバレーに行ったときにアドビの創業者の息子さんに会いました。彼は社会を変革するというビジョンに向かって真っ直ぐに進んでいて、非常に衝撃を受けた。アメリカにはビジョンの力を信じている人がたくさんいるというのが僕の原体験で、いまでもアメリカで仕事をしてみたいという思いは強いです。

鈴木　もう一つは？

田原　スマートニュースを世界中の人に使ってほしければ、アメリカから始めるのが近道です。市場として大きいし、ニューヨークは世界のメディアの中心。それに世界的に成功しているIT企業の九割以上がアメリカ企業で、人材も集まっています。

田原　アメリカで成功するには、何が必要ですか？

鈴木　まずはプロダクトの力です。アメリカはプロダクトのイノベーションが速いので、僕らもプロダクトをどんどん洗練させていく必要性を感じています。あとはニュースの再定義。現状、アメリカではニュースを見るメディアとしてフェイスブックが圧倒的に強い。フェイスブックはパーソナライズされたニュースのサービスでしたが、三〜四年前から伝統的なニュースも交ぜるようになってきた。僕らは彼らと違うアプローチで、新しいニュース観を打ち出していきたいと考えています。

田原　京セラの稲盛和夫さんに取材したとき、おもしろい話を聞きました。彼は日本の企業にセラミックを売ろうとしたのですが、最初は相手にしてもらえなかった。それで本場のアメリカに売りに行った。アメリカはテストだけはしてくれるから、チャンスがあったんですね。結果、テキサス・インスツルメンツという大きな半導体会社が買ってくれて、京セラは世界的企業になった。鈴木さん

鈴木　がやろうとしていることは、稲盛さんと同じだね。そのエピソード、すごく励みになります。日本のインターネット企業のアメリカ進出も、成功事例が一つ出れば、大きく流れが変わる気がしています。

必要なのはリアルなコミュニケーション

田原　最後にもう一つ教えてください。スマートニュースが成功したら、ニュースは「なめらか」になるのかもしれない。その次に鈴木さんがなめらかにしたいものは何ですか。

鈴木　いま、興味を持っているのは都市のデザインです。二〇世紀は国民国家の時代でした。しかし二一世紀は、都市というカーネルがネットワークでつながっていく時代になる。

田原　都市の時代ですか。インターネットが発達したいまは、どこに住んでも同じじゃないんですか？

鈴木　じつは僕もそう考えていました。どこにいたって作業ができる環境になったのだから、スマートニュースのオフィスは田舎にあったっていいはずです。でも

田原　現実問題、僕たちのオフィスは渋谷にある（笑）。どうして渋谷なの？

鈴木　クリエーティビティは顔と顔を合わせたときにいいものが生まれます。情報はどこにいても取れるようになりましたが、それゆえ逆にリアルなコミュニケーションの価値が際立つことになり、人と人をつなぐ都市の力が重要なものになってきた。だから僕たちは都市を離れられないし、これからは都市の力がますます強くなっていくと思います。

田原　そこにビジネスチャンスが？

鈴木　わかりません。ただ、新しい時代の都市のデザインはきっと必要になる。スマートニュースでやるかは別にして、興味は持っています。

田原　わかりました。引き続き注目しています。

通貨はなくなり、新しい経済システムができます

メタップス社長

佐藤航陽

一九八六年、福島県生まれ。「自己責任で生きる」という実家の教えに則り、一五歳から洋服販売などで生活費を稼ぐ。二〇〇六年、早稲田大学法学部へ入学するも、事業での成功が世の中の仕組みを変える近道と大学を中退。〇七年イーファクター（現メタップス）を設立。インターネット上で集客を促す事業などを手掛ける。〇八年世界展開を目指し、アメリカやアジアの企業家や投資家と面談。一一年、シンガポールで人工知能を活用したアプリの収益化支援プラットフォーム「Ｍｅｔａｐｓ」の事業を開始。一四年オンライン決済サービス「ＳＰＩＫＥ」を開始。一五年八月、東証マザーズへ上場を果たした。

シリコンバレーだけが成功じゃない

田原　今日ここに来る前にメタップスの資料を読んできましたが、事業内容が正直よくわからなかった。今日は僕にもわかるようにじっくり教えてください。

佐藤　お手柔らかにお願いします。

田原　事業の話に入る前に、起業の経緯を聞かせてください。佐藤さんはもともと法律家になりたくて早稲田の法学部に入ったそうですが、中退して起業した。どうしてですか？

佐藤　在学中に制度が変わったのです。昔は司法試験を受けてそのまま法律家になることができましたが、新しく法科大学院という仕組みができて、そこに進まなくてはいけなくなりました。私は大学の学費も自分で出していたので、大学院修了まで六年間勉強し続けるのは厳しい。それに、お金がないと法律家になれないことにも納得がいきませんでした。実力しだいで何にでもなれる社会のほうが正しいと思いますが、法律家はそういう職業ではなくなってしまった。それで方針転換しました。

田原　いきなり起業したのですか？

佐藤　最初はアパレルをやろうと考えていました。ただ、アパレルは服の仕入れや倉庫、店舗でイニシャルコストがかかる。最初に大きな資金が必要になる事業は若者には向きません。ならばお金がなくてもできる領域で勝負しようと考え直して、インターネットで起業しました。

田原　もともとインターネット系の知識はあったの？

佐藤　いいえ、まったく。パソコンを触ったこともなかったので、とりあえず中古のデルを買ってきて、詳しい友達に教えてもらいながら事業を立ち上げました。プログラミングは三カ月でマスターしたのですが、最初は仕事がないから、「ホームページつくりませんか」と一日三〇〇件くらい営業の電話をしていました。軌道に乗るまで三年くらいかかりましたね。

田原　三年でそこまでいけば立派じゃないですか。

佐藤　でも、疑問を感じたんですよね。このまま日本でやっていてもダメだなって。日本は縮小しているし、出る杭は打たれてしまう。やっぱり世界中でできるビジネスがいいと思って、中国とアメリカにネタ探しに行きました。起業家と投資家合わせて二〇人くらいに会ったかな。そこで未来の社会やテクノロジーについて、いろいろ話を聞きました。

田原　何かヒントはつかめましたか。

佐藤　はい。この一〇年でもっとも大きな変革と感じたのがスマートフォンです。二〇一〇年当時は日本でまだそれほど普及していなかったのですが、いずれこの小さなコンピュータで、お金や情報などすべてのものが管理される時代になると感じました。それまで私はガラケー向けのビジネスもやっていたのですが、事業を売却して一億円をつくり、シンガポールで新たにスマートフォン向けビジネスを展開しました。

田原　どうしてシンガポールで？

佐藤　理由は二つあります。一つはアジアでやりたかったから。シリコンバレーの投資家たちは、口を合わせたように「世界で勝負したいならシリコンバレーに住まないとダメ」と言います。でも、それは違うと思った。たしかにPCの時代はシリコンバレーがインターネットの中心でしたが、スマートフォン普及後は、中心が中国やインドといったアジアに移る。ただ、中国は政治リスクがあって行きにくいですよね。そこでシンガポールを選びました。

田原　もう一つの理由は？

佐藤　シンガポールは外資の誘致に熱心で、金融やテクノロジーを重要視していました。当時、日本のスマートフォン普及率は五％くらいでしたが、シンガポールは八〇％あった。国民が五〇〇万人くらいなのでマーケットとしては小さいですが、新しい事業をテストするには最適の国でした。外資系企業は税制でも優遇されていて、税金が安かったことも魅力でした。

LINEも導入するコンサルツール

田原　佐藤さんはシンガポールで「メタップス」のサービスをリリースします。これはいったい何ですか。

佐藤　スマートフォンアプリの収益化プラットフォームです。当時、アプリをつくる小さな会社が出始めていましたが、みなさんマネタイズに困っていました。そこでおもしろいアプリをつくれば、お客を集めるところからお金を払ってもらうところまで、面倒くさいところをこちら側でやりますよという仕組みをつくりました。

田原　アプリ運営会社向けに収益化をコンサルティングするってこと？

佐藤　それを人工知能を使ったシステムでやりました。うちのシステムを組み込んでもらうと、それだけでお金が落ちてくるようになります。

田原　それがよくわからない。システムでやるってどういうことですか。

佐藤　たとえばＳＤＫ（Software Development Kit）という仕組みをアプリに組み込んでいただくと、アプリのユーザーがどう動いているのかというデータが私たちのところに送られてきます。それをもとに、どんなユーザーにどんな広告を提供すればいいのかということを人工知能で分析して自動的に振り分けます。

田原　いわゆるビッグデータで広告を分析するわけですか。

佐藤　そうですね。世界中でだいたい二億人分の分析をしています。

田原　これがとてもうまくいったそうですね。お客さんは中小だけじゃなく、たとえばＬＩＮＥとも一緒に広告の販売をしている。ＬＩＮＥくらい大きな会社だと自分でできそうなものだけど、佐藤さんのところと組むメリットは何だろう？

佐藤　私たちが世界中で広告主を持っていることが大きいのかもしれません。いま世界に八拠点あって、各拠点は全員現地の外国人。現地の企業と距離が近いので、各地でそれぞれ広告主を抱えています。それが強みですね。

田原　ただ、新しい会社はそう簡単に信用してもらえないでしょう。メタップスはどうやって広告主の信用を勝ち得たのですか。

佐藤　実際にお客様を儲けさせることが大切ですが、それ以外のところでいうと、知名度を上げることが大事ですね。世界中でアプリ開発者や広告主向けのカンファレンスが開かれていますが、私たちは必ず出席していました。そうすると「どこの国に行っても、あいつらはいるよね」と評判が立って、有名な企業だと思っていただけるようになる。けっこうきめ細かい努力をしていました。

田原　佐藤さんは何かの雑誌で、一二年にはアジアで一位、一三年には世界で一位になるとおっしゃっていた。これは実現しましたか？

佐藤　この領域では近いところには行けました。ただ、やっているうちに目標は上がっていくので、また違うものを見ています。

田原　違うものといえば、メタップスは新しく「スパイク」という事業を始めましたね。これもよくわからなかった。どんな事業ですか。

佐藤　スパイクはインターネット上でのお金の流れをスムーズにする仕組みです。ネット上でのお金のやり取りって、面倒くさいじゃないですか。たとえばお店がカード決済の仕組みを導入しようとすると、審査されて許可が出るまでに一カ月くらいかかるし、設定の手間もかかる。そこをボタン一つで、一瞬でやり取りできる仕組みをつくりました。

田原　具体的にこれまでの決済システムと何が違うの？

佐藤　最大の違いは、手数料が無料なことです。インターネットの決済は、お金を送ったり払ったりした瞬間にだいたい三％から五％の手数料を引かれます。粗利一〇％の業種で手数料を引かれると利益が残らなくなってしまう。これは痛いので小さなお店での導入が進まなかったのですが、無料にすればそれも解消できるだろうと。

田原　無料にしたら、メタップスは儲かりませんよね？

佐藤　売り上げの少ないところは無料にするかわりに、月一〇〇万円以上の決済（一六年一〇月時点では一〇万円以上の決済）があるお客様からは手数料をいただきます。一部の二〇％の大きな企業が全体の八〇％の取引を占めるという「パレートの法則」があるように、儲かっているお客様からいただけば、小さなところから取らなくても十分に成り立ちます。実際、一〇〇万円以上のお客様はアカウントで全体の二〇％を切っています。

田原　なるほど。その仕組みだと、小さなお店がスパイクを使うのはよくわかります。でも、大きなお店にメリットはあるんですか。

佐藤　手数料はいただきますが、それでも最安値に設定します。それと決済の先が大きい。私たちはもともとスマホのマーケティングで大きくなった会社です。だから、さらに集客をしたいとか、顧客の客単価を上げたいというときに適切なコンサルティングができる。儲かっているお客様にも、そこに期待していただければいいなと。

田原　実際に反応はどうですか？

佐藤　とくに営業活動はしていないのですが、やはり安くて、ネット上で申し込めばすぐ使えるということでいまどんどん加盟店が増えています。すでに一〇万店舗は突破しています。楽天市場の出店数が四万店舗ぐらいですから、なかなかいい数字ではないでしょうか。

経済システムが競合する時代に

田原　佐藤さんは「スパイクのような仕組みが広がれば、いずれ通貨は使われなくなっていく」とおっしゃっている。とても興味深い指摘です。

佐藤　通貨って、必ずしも国の通貨である必然性はないと思うんです。円なのか、ドルなのか、はたまたTポイントか楽天ポイントなのか。一番いいものをユーザーが選べばいい。

田原　でも、通貨は国が保証しているからみんな信用しているわけです。企業の通貨ってみんな信用するかな。たとえばビットコインが問題になったけど、あれはどうですか。

佐藤　ビットコインは取引が記録されるので、仕組み上は信用できます。ただ、人が介在すると若干のリスクは発生します。それが露呈したのが、このまえの事件（ビットコイン取引所だったマウントゴックスで顧客資産が消失した事件）ですね。

田原　企業の通貨にも同じことがいえるんじゃない？　たとえば東芝みたいに、立派な会社に見えてもインチキするような会社もある。そうすると、はたして企業の発行する通貨が信用できるのかと。

佐藤　それを言ったら国も信用できないですよ。ギリシャのように国が崩壊しかけることもあるし、通貨危機はこれまで何度も起きています。このまえアップルの時価総額を調べたら、世界約一九〇カ国の中で二〇位台前半の国のGDPと同じくらいでした。つまり、ほとんどの国はアップルより規模が小さい。これからは、どこかの小国よりアップルのほうが信用できる、という人がたくさん出てくるはず。信用度はそれほど変わらないのだから、企業の通貨が国の通貨の利便性を上回れば、案外すんなり使われるようになるのではないかと。

田原　通貨が企業発行のものにシフトすると、税金はどうなりますか。

佐藤　国が税金を取りづらくなっていくのは間違いないでしょうね。

田原　それじゃ困りませんか。

佐藤　将来は企業が国の役割を果たすと思います。一方、逆に国も企業に近づいていって、境界線があいまいになっていく。たとえばすでにアメリカはアップルやグーグルを応援して国のプレゼンスを上げているし、サムスンは韓国政府とべったりで、ほとんど一体化していますよね。そういう世界で、国の通貨か企業の通貨かということにたいした意味はないと思います。

田原　おもしろい。ただ、僕にはまだ現実感がないなあ。

佐藤　私は、将来は経済のシステムが競合する時代になると考えています。それに比べればどの通貨が選ばれるのかというのはまだ小さな話で。

田原　えっ、どういうこと？

佐藤　人類は時代とともに選択肢を増やしてきました。たとえば昔は職業や結婚相手を自分で選べなかったけど、いまは自由に選べます。住む場所だって好きなところにいける。それと同じように、経済のシステムも選ぶ時代に入っていきます。これから新しい経済のモデルがたくさんできて、従来の資本主義の仕組みの中で生きる人もいれば、まったく違う経済システムの中で生きる人もいる。この一〇〇年は、その比較検討の時代じゃないでしょうか。

田原　日本はどうですか？

佐藤　いまのところ世界の流れから置き去りにされています。やはり言葉の壁は大きくて、発想がどうしても閉鎖的になる。インターネット上のコミュニケーションが写真やスタンプ、「いいね！」ボタンのように言語以外のものに移りつつあるので、いずれ開国するかもしれませんが当面は変わらない。日本は経済がそこそこ回っているので、みんな変える必要性を感じていないのでしょう。

田原　佐藤さんはメタップスでそれを変えようとしているんでしょう？

佐藤　じつは少し迷いがあります。必要性がないのに無理に変化させるのも違う気がして。一〇〇年、二〇〇年、あるいは一〇〇〇年という時間を考えたときに、どういう形の社会が理想なのか、自分なりに探しているというのが正直なところです。

田原　お話をうかがっていると、テクノロジーが生み出す未来を肯定的にとらえているように見えるけど。

佐藤　テクノロジーは一定の流れで進化して社会を変えていきます。具体的にいえば、いま手作業でやっているものはすべて機械化されて、生きるためのインフラはタダで提供されるようになります。その結果、人は労働とお金から解放されて自由になる。好むと好まざるとにかかわらず、その方向性は中長期でほぼ決まっている気がします。

人間を違う生き物にしたい

田原　そういう流れの中で、佐藤さんは何をやりたいの？

佐藤　方向性は決まっているので、私たちは早めたり遅くすることくらいしかできません。私自身は、流れを早めたい。人間は労働やお金から解放されたらもっと違う生き物になれるはずです。なぜかそれを自分がやるべきなんじゃないかという思い込みがあって、使命感に燃えています（笑）。

田原　いいですね。ただ、スケールが大きすぎて、まわりはついていけないんじゃない？

佐藤　理想と現実の距離が遠いことはたしかです。上場のロードショーで投資家のみなさんに自分のやりたいことを話したら、おもしろいと評価してくれた人と、意味がわからないという人に真っ二つに分かれました。これはもう仕方がないですね。

田原　僕も直接説明してもらうまで、よくわからなかったですからね。今日はお話が聞けてよかったです。頑張ってください。

LINEではできないことをやりたくて

C Channel社長

森川亮

一九六七年、神奈川県生まれ。八九年筑波大学卒業後、日本テレビに入社。コンピュータシステム部門で本格的にコンピュータを学ぶ。九九年、青山学院大学大学院で、MBAを取得。二〇〇〇年日本テレビを退社し、ソニーへ入社。〇三年ブロードバンドのキラーコンテンツはオンラインゲームと確信し、ハンゲームジャパン（のちのNHN Japan、現LINE）に入社。〇七年社長に就任。一一年東日本大震災後の六月に大ヒットアプリ「LINE」をスタート。一五年LINE社長を退任し、スマートフォン向け縦型動画サービスを提供するC Channelを設立。

絶頂期のほうが辞めやすい

田原　森川さんには二〇一四年にお目にかかりましたが、そのときはまさかＬＩＮＥをお辞めになるとは思わなかった。あのころから辞めることは考えておられたのですか。

森川　そうですね。辞めようと思ったのは一三年の末でした。

田原　一三年というと、ＬＩＮＥがどんどん伸びて絶好調の時期。普通、いいときに辞めないでしょう？

森川　むしろ絶頂期のほうが辞めやすいと思います。世の中、必ず始まりがあれば終わりがあります。終わりのタイミングは、なるべく影響が少ないときがいい。新しく社長になった出澤（剛）はもともとライブドアにいて、堀江貴文さんがいなくなって大変だったときに会社を支えていました。そういう経験を持った人材がいたので、ちょうどいいタイミングで辞めることができました。

田原　「辞めないでくれ」とは言われなかったですか。

森川　そういう声もありました。

田原　引き留められても気持ちは変わらなかった？

森川　同じ人がずっとトップに居続けるのはいいことではありません。僕は前の会社に一二年いて、そのうち社長を八年、ＬＩＮＥに関しても四年やった。そろそろ次の世代へバトンタッチすべきタイミングがきていたと思います。それに僕自身、日本を元気にするような新しいビジネスに挑戦したい気持ちが強かった。それで、辞めるならいまだろうと。

田原　新しいビジネスならＬＩＮＥにいてもできるでしょう？

森川　ＬＩＮＥでは、日本を元気にするプロジェクトをやりにくいのです。グローバル企業は、収益の上がる国にフォーカスするのが基本です。ＬＩＮＥはすでに日本でシェアを取っていて、これからは欧米に注力する必要がありました。私個人が日本を元気にするビジネスをやりたくても、社長として決断できません。グローバル企業にはグローバルゆえの難しさがあったのですね。

田原　森川さんは一五年の四月にＣ ＣＨＡＮＮＥＬを立ち上げました。これは何をやる会社ですか？

森川　Ｃ ＣＨＡＮＮＥＬのＣは、communicationのＣ。映像でコミュニケーションをするという意味を込めて、この名前をつけました。

田原　映像でコミュニケーション？

森川　映像文化は時代とともに変化しています。映画しかなかった時代は、みんなが劇場に足を運びました。テレビに主役が移ると、視聴者が映像を受け止める時代になった。そしてここから先は、映像のつくり手と受け手がインタラクティブにコミュニケーションする時代になります。

田原　テレビの時代は終わりですか。

森川　終わりというわけではありませんが、視聴者の年齢層が上がっていることはたしかです。テレビ局はそれに合わせて番組をつくるので、若い人はますますテレビを見なくなります。このままでは若い人が共感できるメディアがなくなり、日本はどんどん元気をなくしてしまう。そうした危機感から、C CHANNELを立ち上げました。

田原　森川さんはテレビにかわる、若者向けの映像メディアをつくろうとしているという理解でいいですか。

森川　そうです。いま僕たちがやっているのは、女性向けの動画ファッションマガジンです。ファッションやお店、グルメ、化粧品、旅行など、いわゆる女性誌に載っている情報を動画化して発信しています。

田原　どうして女性誌なのですか。たとえばスポーツとか他の動画メディアも考えられますよね。

森川　新しいものに対する反応が一番いいのは若い女性です。男性は保守的なところがあり、新しいものを前にしても何かと理由をつけて距離を置きがちです。一方、若い女性は「あっ、これ、いいね」と素直に受け止めてくれる。そうした違いを考えると、まずは若い女性をターゲットにした映像メディアがいいかなと。

数字の変化から次の一手を考える

田原　女性誌の動画版ということは、記者がいるのですか？

森川　動画は、クリッパーと呼ばれるモデルさんやタレントさんがスマートフォンで撮影して更新します。たとえば自分の好きなお店とか、今日のファッションのポイントとか、旅行に行ったときにこんなスポットが楽しかったなど、ブログに書く内容を動画で紹介するイメージです。

田原　動画を撮る人がいれば、それを見る人もいますよね。見る人は、何を使って見るのですか。

森川　スマートフォンやタブレット、パソコンですね。

田原　いまアクセスはどれくらい？

森川　まだ数字は出せないのですが、サービスを始めて一カ月で急激に伸びています。

田原　そうですか。正直に言って、僕には動画を雑誌がわりに見る感覚がよくわからない。若い人は、みんな見たがるのかな？

森川　いまはメディアにつくりこまれた情報が多いので、もっと自然な情報を求めている人が多いのではないでしょうか。それに加えて、クリッパーになったモデルさんやタレントさんへの憧れも大きい。いくら自然でも、普通の人が日常を撮っただけだと興味は湧きません。やっぱりモデルさんが行く最新のスポットにみなさん興味を持つんです。

田原　藤田晋さんがやっているサイバーエージェントのアメブロみたいなものですかね。あそこもタレントさんなど有名な人がブログを書いて、ユーザーを増やしました。

森川　似ているところはありますね。

田原　将来、クリッパーも増やしていくのですか。

森川　いまクリッパーは約一〇〇人いますが、今後も増やすつもりはありません。数より質が大事なので、全体を一〇〇人ぐらいにして人を入れ替えながら、そこからスターが生まれるような仕組みができればいいなと考えています。

田原　スターをつくる？

森川　「八：二の法則」ってありますよね。どんな組織も、優秀な二割の人がそうではない八割の人の分も稼ぐという法則ですが、これはおそらくクリッパーにもあてはまります。むやみにクリッパーの数を増やしても、質が下がるだけ。それよりちゃんと発信できる人にエンパワーメントしたほうが、多くのユーザーを獲得できるんじゃないかと。

田原　それだけで読者が増えるかな。

森川　まだ実装されていないのですが、会員登録するときに年齢や性別などを登録して、かつ自分の好きな情報に「いいね！」を押せる機能を追加しようと考えています。そうすると自分向けの編集ページができて、より自分の興味がある動画にアクセスしやすくなります。

田原　自分の情報を入力するのは面倒くさいから、かえって登録しなくなるんじゃないですか？

森川　そうでもないんですよ。いまは世の中に情報があふれていて、本当にほしい情報がどこにあるのかわからず、みんな困っています。でも会員登録をすると自分の好きな情報だけが届くようになる。たとえば位置情報を登録すると、いま自分のいる場所近辺のおすすめのお店がわかったりします。

田原　なるほど。ユーザーを増やすために、CMをやったりはしないのですか。グノシーはテレビでいっぱいCMを打っていますね。

森川　いまは考えていません。まだ始まったばかりだし、お金もそんなにありませんから。

田原　じゃあ、どうやってユーザーを増やすのですか。

森川　いま一番大事なのは、何をどうしたときに数字がどれだけ伸びるかというパターンを解き明かすことです。それで「人数を増やせばいい」とか、「コンテンツを増やせば伸びる」とわかれば、具体的な次の手を打てます。

田原　スマホだと、たとえば堀江さんがやっているグルメ情報サービスのテリヤキがあります。CCHANNELは、ああいうものとはまた違うのですか。

森川　テリヤキは機能のすべてを使う場合、会員制で有料ですよね。僕たちはオープンで無料です。

田原　無料だと、森川さんのところは商売にならないじゃないですか。どうやって利益を出すのですか。

森川　じつは一五年の夏から広告販売を予定しています。

田原　動画に広告をつける？

森川　少し違います。いまは消費者に自分たちの言葉で直接メッセージを送りたいと考える企業が増えています。そういった企業がC CHANNELのプラットフォーム上でオウンドメディア、つまり自社メディアを持てる仕組みを考えています。

田原　いわゆるコマーシャルじゃなく、企業自身が情報発信するわけね。

森川　はい。そこを僕たちがサポートするビジネスモデルです。企業のほうでコンテンツをつくったり、クリッパーさんが取材に行ったり、あるいは僕たちが動画を制作するなど、さまざまな形が考えられます。

田原　ちょっと待って。森川さんのところは、いま何人？

森川　一〇人です。

田原　それだけしかいないのに、動画も制作できるのですか？

森川　はい。一〇人はインターネットの人半分、映像の人半分という構成です。事務をやるのは僕と女の子一人だけなので、今日も僕が銀行振り込みに行ってきました（笑）。

あえて黒字化を追い求めない

田原　オウンドメディアについて、企業の反応はどうですか。

森川　いいですよ。いままでも一部の企業はYouTubeなどを使って動画配信していたのですが、YouTubeはいろんなものがごった煮で集まっていて、ブランドがつくりにくいという声もありました。それに対してC CHANNELはターゲットが明確。女性向けの商品をつくっている企業さんには、かなり期待していただいています。

田原　オウンドメディアは普通の広告と違うかもしれませんが、どちらにしても見てくれる人が多いに越したことはない。将来はどれくらいの会員数を考えていますか。

森川　直近で何人という目標は立てていないのですが、ゆくゆくは数千万の人に見ていただきたいですね。

田原　それはどれくらい先の話？
森川　三年後くらいですかね。まわりには、もうちょっと早くしろと言われていますが。
田原　そのころには黒字に？
森川　いまの数字を見ると、一六年には黒字化が可能です。ただ、真面目にコストを削れば達成できるという話なので、もう少し長い目で見て事業を育てていきたいと考えています。

二度の失敗を経てリベンジマッチ

田原　森川さんはC CHANNELを大きく育てたいとおっしゃった。そこで聞きたい。将来はC CHANNELをどうするつもりですか。
森川　C CHANNELを世界に通用するメディアにしたいと考えています。イメージは、MTV（ミュージックテレビジョン）です。MTVは昔アメリカでケーブルテレビが普及したときに誕生して、多チャンネル化とともに世界に広まりました。いまはネットの時代になって、かつてと同じような環境が整っているのに、

田原　いまだに世界で成功した日本発のメディアブランドはない。ぜひＣ ＣＨＡＮＮＥＬを、その最初の事例にしたいです。

森川　動画は世界に出るための鍵の一つでしょうね。映像なら言葉がわからなくても伝わりますから。ほかに、世界で通用するためのポイントはありますか？

田原　最初から海外の人にも受ける情報を出すことが大切です。たとえば一五年六月から、ニューヨークやソウル、台湾に住んでいるモデルさんが参加して、現地から動画をあげてもらうことになっています。そうやって世界各地から情報を発信する通信社に近い仕組みは絶対に必要です。

森川　なるほど。

田原　日本のいいものをわかりやすい形で世界に届けることも重要です。たとえば同じ和食の店でも、日本人がいいと感じる部分と、外国の方が魅力を感じる部分は違います。だとすると、日本人が紹介するだけでなく、さまざまな国の人に紹介してもらったほうが新しい魅力を伝えられるかもしれません。逆に、海外の店を日本人が紹介してもいい。そういったバリエーションがデータベースとして溜まっていくと、世界はお互いに身近になる。Ｃ ＣＨＡＮＮＥＬが、そういうプラットフォームになればおもしろいと思います。

田原　森川さんが目指しているのは、世界規模のプラットフォームですか？

森川　最終的にはやっぱりメディアですね。たとえばタイム・ワーナーは新聞やテレビ、映画などを擁するコングロマリットで、アメリカ文化を世界に伝えるプラットフォームとして機能しています。ただ、何でもかんでもプラットフォーム上に乗せているわけではない。タイム・ワーナーはメディアであり、何を乗せるかは意思を持って選んでいます。Ｃ　ＣＨＡＮＮＥＬも、一〇年、二〇年先にはそういう会社にしたいです。

田原　おもしろい。森川さんがそういう夢を持っていたとは知らなかった。ＬＩＮＥ時代からそんな野望を持っていたのですか。

森川　じつはもっと前からです。もともと日本テレビ時代に三菱商事さんと組んで、国際放送のプロジェクトを立ち上げたことがあります。アジア向けにジャイアンツ戦とＮＮＮニュースを配信したのですが、成功したのは、当時、巨人で活躍していた呂明賜の母国である台湾だけ。世界で成功するためには、日本人が出ている番組ではなく、いろんな国の人たちが出ている番組をつくらなくてはいけないと痛感しました。

田原　そうか。メディアの世界展開に失敗したことがあって、今度はそのリベンジだ。

森川　ちなみにその後に転職したソニーでも、トヨタさん、東急さんとジョイントベンチャーをつくって動画配信ビジネスに挑戦したことがあります。このときはブロードバンド世帯数が二十数万しかなくて、動画配信をやるには早すぎました。

田原　それも含めると、今回の起業は三度目の正直ですね。今度は勝算ありですか。

森川　モバイルで動画を見る時代は確実にやってきます。モバイルのインターネット速度は速くなったし、スマートフォンのカメラ機能も向上しています。まだ少し早いかもしれませんが、いまのタイミングで準備しておけば、波に乗りそこねることはない。今度は是が非でも成功させたいですね。

解説

ゼロからビジョンをつくる

C Channel 森川亮

ビジョンの描き方には二つのアプローチがあります。一つは、世界の最先端で起きていることから未来を予測するアプローチ。僕はテレビ局勤務時代にインターネットの登場を見て、かつて映画がテレビに取って代わられたように、テレビからインターネットにシフトすると確信しました。スマホ登場時も同じ。C CHANNELが縦型の動画にこだわるのも、いずれスマホで動画を見ることが普通になる時代が来ると考えたからです。

もちろん新しいものがすべて社会に定着するわけではありません。ただ、スピード感やユーザー層を見れば、その後の展開は予測できます。広がり方が遅いものや、たとえばオタク層などの一部の人だけにウケているものは途中で消えるリスクが高い。最初からスピード感があり、広いユーザー層に支持されるものを選ぶべきです。

このアプローチが通用するのは、先例があるケースに限られます。世界初の新しいビジョンを描くときは、手段ではなく目的から入るアプローチがいいと思います。たとえばメディアの未来を描くなら、デジタルという手段から考えるのではなく、「メディアは何を伝えるべきなのか」という目的から発想します。

不確定な未来を見通す2つのアプローチ

① 世界の最先端から予測

・注目している市場を誕生から現時点までの伸長率を基に、楽観・悲観することなく将来の市場規模を算定する。
・その際、ターゲットの人口が限定的でないかに注意する。

② 実現したい目的から予測

・実現したい目的が共感を得られるものなのか、他人に話して理解されるかを確認する。
・情報の感度の高い人と普通の人の中間くらいの人が「使いたい!」と思うくらいが事業化のベストタイミング。

僕の場合は、社会にネガティブな情報を発信し続けるメディアの現状に危機感があり、もっとポジティブなものを届ける業界に変えたいという目的が先にありました。その目的を具現化する手段として、新しい動画メディアを模索したのです。

どちらのアプローチにしろ、注意したいのは事業化のタイミングです。目的を具現化するには、利益を出して事業として継続させなければなりません。そのためには市場の共感が必要であり、共感を呼ぶためにはまずみんなに理解される必要があります。

一番いいのは、普通の人が「聞いたことがある」タイミングで始めること。起業家のまわりには時代に敏感な人が多くて参考にならないので、僕は自分の奥さんが理解できない事業はやらないことにしています（笑）。

第二章

どうやって、優秀な人を集めたの？

「ニコ動」が終わってしまうと思って……

ドワンゴ会長

川上量生

一九六八年、愛媛県生まれ。八七年、京都大学工学部に入学し、プログラミングやパソコン通信に熱中。九一年、大学卒業後、パソコンソフトの販売を手掛けるソフトウェアジャパンに入社。九七年に会社が倒産。ドワンゴを設立。パソコン通信用ゲームのシステム開発などを手掛ける。〇三年東証マザーズ上場（翌年東証一部に上場市場を変更）。〇六年子会社のニワンゴで投稿動画配信サービス「ニコニコ動画」を開始。一一年、プロデューサー見習いとしてスタジオジブリへ入社。一二年ユーザー参加型複合イベント「ニコニコ超会議」をスタートさせる。一四年KADOKAWAと経営統合を発表。一五年KADOKAWA・DWANGO（現カドカワ）社長に就任。

ライバルはユーチューブ

田原　僕はニコニコ動画にときどき出させてもらっていますが、ニコ動が目指しているのは何ですか。プラットフォーム？　それともコンテンツをつくること？

川上　あまり考えてませんね。明確な方針は出してないです。

田原　そうなんですか。ここに来る前に川上さんの書いた本を読んできたけど、川上さんが何を目指しているのか、ちょっとわからなかった。

川上　うーん、べつに何かをやろうとしているわけではないです。なかなか信じてもらえないけれど。

田原　そんなことはないでしょう。現にいろんなことやってるじゃない。

川上　僕の仕事のスタイルはサラリーマンです。サラリーマンは何かといったら、与えられた仕事をこなすことです。ドワンゴは着メロとニコ動で大きくなった会社ですが、どちらも僕がやりたいからやったわけじゃない。このままだと会社が潰れるから、何か新しいことをやらなくちゃいけないと必要に迫られてやっただけですよ、ほんとに。

田原　つまり何か夢があるわけじゃなくて、売れるサービスをつくろうとしただけということ？

川上　そうです。ニコ動のときは動画生放送で勝負しようと思っていて、その前にテストで動画サービスをつくったら当たってしまった。

田原　動画生放送というのは、テレビを意識して？

川上　いや、ユーチューブですね。ちょうどそのころアメリカでユーチューブがヒットしていて、グーグルが買収しました。グーグルやユーチューブは基本、機械に全部やらせようというアーキテクチャーですよね。それに対抗するなら人間を大事にするプラットフォームがいいんじゃないかと思って、ニコ動をつくりました。

田原　ライバルはユーチューブですか。僕は新しい時代のテレビ局を目指しているのかと思った。

川上　いやいや、それは考えたことがないです。テレビ局や新聞社と同じことをするなら、べつに要らないじゃないですか。

田原　なるほど。従来のメディアと目指すところが違うとすると、ニコ動は何をやるの？

川上　ドワンゴはエンターテインメントの会社だと思っています。だから、既存のメディアの人たちがやらないことを平然とやってみればおもしろいかなと。

田原　たとえば？

川上　小沢一郎さんに出てもらって、好きなだけ話してもらいました。あれは反響が大きかった。

田原　小沢さんは検察から睨まれて、テレビや新聞でも叩かれましたね。

川上　はい。小沢一郎さんに出てもらったら、僕もいろんな人から怒られました。政治家はうまいこと言って人を騙すのだから、メディアはそれをチェックすべき。それなのに政治家の発言をそのまま垂れ流すのはおかしいってね。でも、それは間違ってますよ。たとえ政治家が嘘をついているとしても、それは見ている人が判断すればいいこと。だいたい政治家は嘘をつくと言っているメディアの人たちが、それほど見識が高いようには見えないし（笑）。

田原　こんど安倍晋三を出したらおもしろいと思うな。いまメディアでコテンパンに叩かれている。

川上　そうですよね。僕は批判されている人、もうメディアが絶対にいいことは書いてくれない人にニコ動に出てもらうべきだと思っています。その意味で、安倍総理にはもっと前に出演をオファーしておけばよかったなあと。

なぜ赤字イベントを続けるのか

田原　川上さんは、ネットサービスは五年で寿命がくるという。でもニコ動はずっと人気がありますね。どうしてですか。

川上　具体的な理由を言うと、超会議のおかげです。

田原　超会議は、ニコ動のイベントですね。歌を歌う人もいれば、ダンスを踊る人もいる。僕も政治の討論会で出ました。

川上　四年前に、うちのエンジニアチームが崩壊したことがありました。マネジメントをきちんとやっていなかったから、人がどんどん辞めてしまったんです。それでニコ動のサービスをつくっていた現場の人たちから、「メンテナンスだけで手一杯。向こう二年は新サービスをつくれない」と悲鳴が上がった。二年間も新サービスを出せなければ、ニコ動は終わってしまう。何か延命させる方法はないかと試しにイベントをやってみたら、これがうまくいった。

田原　イベントって、どういうものをイメージしていたのですか？

川上　とにかく最大規模のイベントをしようと思いました。ネットって、過小評価されがちなんですよ。ニコ動には毎日何百万人もの人がアクセスしていますが、ネットだからみんなその実感を持っていない。だからリアルイベントで大勢の人がくれば、ネットというものが本当はすごく巨大な存在なんだということを世の中に示せるんじゃないかと。

田原　大勢って、超会議の来場者数はどれくらい？

川上　最初が二〇一二年で、九万二〇〇〇人。一五年は第四回で一五万人です。

田原　すごいね。それだけ集まれば黒字ですか。

川上　赤字です、ずっと。ただ、ネットのユーザーに応援してもらうためには赤字でいい。黒字にしようと思えばできますが、それ以上にお金を使ってます。

田原　赤字になるのがわかっているのに、どうしてやるの？

川上　やっぱりニコ動のブランドイメージが守られますからね。超会議はエンジニアから「二年間、新サービスを出せない」と言われたから始めたのですが、結局その後四年経っても出ていない。一五年に出せるかどうかも危ういので、ひょっとすると五年出ないかもしれない（笑）。いずれにしてもそれを乗り切れたのは、完全に超会議のおかげですね。

通信制ネット高校で教育界を変える！

田原　一四年、ドワンゴはＫＡＤＯＫＡＷＡと経営統合しました。これは誰が言い出したんですか。

川上　角川会長（＝角川歴彦ＫＡＤＯＫＡＷＡ会長）です。僕は、そう言ってもらえるのはうれしいけど、五年待ってほしいと言いました。

田原　どうして五年？

川上　当時はさっき言ったようにエンジニア部隊が混乱していたり、予算管理がきちんとできていなかったりして、会社の中がガタガタしていました。会社としてだらしのない問題がいろいろあるので、それらを解決するまで、少し時間がほしいと。

田原　角川会長は、どうしてドワンゴに声をかけたんだろう。

川上　ＫＡＤＯＫＡＷＡにはネット企業になりたい、それとメディア企業になりたいという思いがあったんでしょう。これがやりたいという具体的なものではなく、ぼんやりとしたイメージだったと思いますが。

田原　ドワンゴ側の思惑はどうだったんですか。成長を続けているのに、経営統合のメリットはあるの？

川上　KADOKAWAのコンテンツって、ニコ動と親和性が高いんです。たとえばライトノベルやアニメはKADOKAWAのシェアが高い分野ですが、ニコ動でもユーザーにすごく人気がある。あとはゲームですね。じつはニコ動のアクセスの半分はゲーム関連。一方、KADOKAWAは「電撃」と「ファミ通」というゲームメディアを持っています。これについても、一緒に組むことで相乗効果が狙えます。

田原　経営統合し、いま社員が三〇〇〇人の大きなグループになった。そんなにいっぱいいてどうするの？

川上　ほんとですよね。でも、企業の社会的役割で一番重要なのは雇用です。だから人数が多いのはいいこと。うちは多すぎますが、それだけ社会のために役に立たない人間を雇っているわけだから、多すぎることに胸を張ってもいい。もちろん、そのぶん儲ける必要はありますが。

田原　儲けるために、これから何をしましょうか。

川上　一つはゲーム事業です。KADOKAWAが持っているのは紙のメディアなので、こんどはKADOKAWAとドワンゴで組んでネットのゲームメディアをつくります。それと教育事業。一五年七月に通信制の高校を沖縄につくることを発表しました。

田原　通信制の高校？　それで儲かりますか。

川上　教育はこれから変わります。先生が四〇人ぐらいの生徒を前に授業する形態は効率が悪くて、これからはコンピュータを使って、ネットで一緒に勉強するというスタイルになっていく。これは世界的に起きていて、たぶんそこには大きなビジネスチャンスがあるだろうと。

田原　ネットで教育が変わるのはわかります。いまは有名大学の講義をネットで無料で受けられる時代だ。

川上　ただ、いま起きている価格破壊じゃダメです。インターネットの普及後は情報がタダになってきて結局どこも儲からなくなったのと同じように、授業を無料で流すというやり方では未来がない。そうじゃなくて、きちんとお金を儲ける仕組みを最初につくったところが勝ちます。

田原　それが通信制高校ということですか。いまも通信制高校はたくさんあるけど、それじゃダメですか。

川上　通信制高校に入る人の多くは、普通の学校で落ちこぼれて不登校になり、心配した親や先生に「せめて通信制高校ぐらい行きなさい」って言われていやいや入っています。だからみんな、通信制高校に行っている自分に誇りを持てません。それに、みんな勉強したいわけじゃなくて友達が欲しいだけなのに、いまの通信制高校はそれを提供できていない。僕らが沖縄につくるのは、校舎にいる時間を楽しんでほしいから。通信制高校はスクーリングといって一週間はリアルな授業を受けなくてはいけないのですが、どうせ行くなら、沖縄のほうがいいでしょ。

田原　おもしろい。ほかにも仕掛けはありますか？

川上　いろいろトリックを用意していますが、まだ秘密です。通信制高校は、認可が下りれば一六年の四月からやります。これから順番にわかると思うので、見ててください。

社長になった本当の理由

田原　一五年六月、川上さんはKADOKAWA・DWANGOの会長から社長になりましたね。これはどういう経緯で？

川上　こんなこと言っていいのかな。えーっと、ホントの理由というのは、僕が折れたんですよ。

田原　どういうこと？

川上　角川会長は、ＫＡＤＯＫＡＷＡとドワンゴが統合したら新会社の経営は僕にやれって、もともと言っていました。でも、僕は逆に角川会長に表に出てもらい、その陰で仕事をしたかった。そこをきちんと話し合わないまま一緒になった結果、何が起きたのかというと、僕が会社の重要な会議に出なくて、角川会長を怒らせちゃったんです。

田原　そりゃまあ怒りますよ。

川上　でも、角川会長も僕に対抗して出なくなったんですよ。それで二人院政みたいな形で会議が進むようになり、現場の関係がどんどん悪くなってきてしまった。そうなると、年齢が若い僕が折れるしかない。それで社長やりますと言ったわけです。

田原　いまは川上さんが社長になって決裁権を持たされたから、日常業務もやらなきゃいけないんだ。

川上　それはつらいですよね。だから僕が社長になったときの最初の取締役会で、社長の決裁権限を担当取締役にどんどん委譲しました（笑）。でも、会議には出るようにしています。日常業務も、ある程度はやらざるをえないです。

田原　おもしろい。普通の会社は、トップが権力を持って会社をコントロールします。でも、ドワンゴは違った。トップが会議に出ないほうが、逆にうまくいくのかな。

川上　どうでしょう。僕はドワンゴで二回、失脚していますから。会議に出ないどころか会社にこないから、誰も言うこと聞かなくなったんです。

田原　そんなことがあったの？

川上　そのまま辞めてもよかったんですけど、たまたまそのとき手掛けた着メロやニコ動が当たって、急にみんな僕の言うことを聞くようになりました。新しいビジネスをつくれる人は少ないから、頼られたんですね。少し前、僕はジブリに一年間くらい行って会社にほとんどこなかった。いつもなら失脚するパターンですが、今回は大丈夫だった（笑）。

田原　失脚したのに新事業を当てたというのがすごいね。だって社員は誰もついてこないわけでしょう？

川上　だから勝手にやりました。着メロのときはドワンゴの社員を一人も使わず、完全に社外の人間でやった。ニコ動も、クビ寸前で誰からも評価されていない社員を集めてサービスをつくった。僕がやろうとしているのはわけがわからない事業だから、みんな逃げます。説得は無理なので、巻き込もうとせず勝手にやったほうがいいんです。

田原　それにしても、どうして成功できるのか不思議です。

川上　いやぁ、運がよかったんじゃないですか。

田原　運だけじゃ成功は続かないでしょう。

川上　あえて言うなら、失脚したのがよかったんじゃないでしょうか。僕は、既存のビジネスをやりながら新規事業をやるのは無理があると思っています。新規事業は自分のすべてを注ぎ込まなくちゃいけないのに、本業があったらできませんよ。その点、僕は失脚して自由だった。

田原　失敗したときこそ飛躍するチャンスだね。もう一つ。一五年の一〇月、社名がKADOKAWA・DWANGOからカドカワに変わります。これはどうして？

川上　僕はKADOKAWA・DWANGOって名前が嫌いだった。長いし、なんかかっこわるいし。実は一年前、カドカワって名前がいいんじゃないかっていう

田原　ことを、一回、提案しているんですよね。ドワンゴの川上さんが、カドカワがいいって言ったわけ。なんでドワンゴをやめちゃう？

川上　いや、それが一番、収まりがいいかなと思って。やっぱり歴史のある会社のほうが、名前にプライドを持っていると思うんですよね。そんなところでこだわってもしょうがない。損得で考えようと。もちろん、ドワンゴもいいブランドだと思っているので、ドワンゴっていう会社が残ればそれでいい。

田原　そこは残るわけね。

川上　はい。カドカワの下に、ＫＡＤＯＫＡＷＡもドワンゴもそのまま残ります。

田原　なるほど。今日はとてもおもしろかった。これからの展開を楽しみにしています。

あえて山形・鶴岡に研究所をつくりました

Spiber代表

関山和秀

一九八三年、東京都生まれ。九九年慶應義塾幼稚舎へ入学。二〇〇一年慶應義塾大学環境情報学部へ。〇二年からは山形県鶴岡市にある慶應義塾大学先端生命科学研究所を拠点として研究活動に没頭。〇四年クモ糸の人工合成の研究を開始。〇七年大学院博士課程在学中の九月、事業化を目指し、学生時代の仲間と山形県鶴岡市にスパイバーを設立。一三年新素材を「QMONOS（クモノス）」と命名し、青色のドレスを発表。一五年経済産業省より「日本ベンチャー大賞 地域経済活性化賞」を受賞。アウトドアブランド「ザ・ノース・フェイス」を展開するゴールドウインと提携、人工合成クモ糸素材を使ったパーカを発表した。

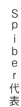

文系志望からバイオの道へ

田原　まず関山さんとバイオの出合いをうかがいましょう。関山さんは、もともと文系だそうですね。

関山　はい。幼稚舎から慶應にいて、大学は商学部に進むつもりでした。

田原　経営者になろうと考えていたのですか。

関山　父も祖父も事業をやっていたので、自分がサラリーマンになることはあまり想像していませんでした。弊社の創業メンバー三人は昔からの友人ですが、高校時代は「戦争をなくすにはどんな課題を解決すればいいか」「課題解決のためにどのような事業をすべきか」という話ばかりしていました。落第さえしなければ受験なしで大学に行けたので、考える時間だけはたっぷりあった（笑）。

田原　ところが実際は商学部ではなく、環境情報学部にお入りになった。どうしてですか？

関山　環境情報学部の説明会で、冨田勝教授に出会ったんです。冨田さんは説明会で、エネルギー問題や食糧問題など地球規模の課題を解決するためのキーテクノロジーはバイオだと熱く語っていました。私は、エネルギーや食糧が戦争を引き起こす原因の一つだと考えていたので、なるほど、バイオをやればいいのかと。

田原　バイオといっても幅が広いですよね。

関山　冨田さんが研究されていたのは、生物学と情報科学の融合領域です。これまでのバイオは、細胞の中の分子の機能を細かく研究していく分子生物学的なアプローチが主流でした。しかしヒトゲノムが読まれる時代になると、膨大な分子一個一個を見ていくより、細胞をシステムとして理解することが大切になっていきます。その先には、有用微生物をコンピュータでデザインして工業的に利用する時代もやってくる。そのための研究施設を山形の鶴岡でつくると聞き、そこで学んでみたいなと。

田原　微生物をデザインする？　どういうことですか。

関山　微生物を育種するのではなく設計してつくるのです。たとえば何か有用な微生物がいたとします。生物が倍に成長する時間をダブリングタイムといいますが、この微生物のダブリングタイムを短縮できれば工業的な生産性が高まります。そのためには、どの分子を増強すればいいのかというようにデザインしていくわけです。

田原　それで関山さんは山形の先端生命科学研究所に進学される。もともと文系志望だったのに、よく研究できましたね。

関山　はじめは、研究室のみんなが何を話しているのかわからなくて困りました。でも、単語がわかってくると意外にすんなりついていけるようになった。大切なのは、ロジカルに考えられるかどうか。それができれば、文系も理系も関係ないんです。

田原　次に、クモの糸との出合いを聞きたい。関山さんは研究テーマを探しにハーバードビジネススクールに行こうと考えていたそうですね。

関山　はい。私はもともと文系なので最先端の研究に詳しくありません。世界のトップのところに行けばおもしろいテーマでやっている人がいるんじゃないかと思って、ハーバード行きを考えました。

田原　ところが、冨田さんに相談したら怒られたとか。

関山　怒られたというか、「おまえは人のフンドシで相撲を取るのか」と挑発されました。カチンときて反論したのですが、よく考えてみると、冨田さんが言っていることが正しい。鶴岡の先端研は海外からの留学生が多く、世界でもトップレベルの研究所といえます。ここで研究テーマを見つけることができなければ、世界のどこに行っても見つけられない。やっぱり鶴岡で探そうと考えなおしました。

クモは地球上でもっとも強い虫

田原　それでクモの糸というテーマを見つけたのですね。直接のきっかけは何だったのですか。

関山　研究室のメンバーと飲んでいるときに、たまたま虫の話になりました。化石を見ていただくとわかるのですが、じつは虫は四億年前ぐらいから形が変わっていません。ゴキブリはずっとゴキブリの形をしているし、トンボはずっとトンボです。ということは、虫はそれ以上進化する必要がない洗練された生き物だと考えることもできます。虫が洗練された生き物だとしたら、虫が使っているテクノロジーもじつはものすごくて、産業用に活かせるかもしれないという話で盛り上がったんです。

田原　虫の中でもクモに目をつけたのはどうしてですか。

関山　どうせなら一番強い虫を研究したいという話になりました。一般的に最強と言われているのはスズメバチ。でも、そのスズメバチを捕食する虫もいる。それがクモです。あるメンバーは、クモの糸は理論上ジャンボジェットをつかまえられるくらいに強いという。そんな素材を大量生産できたら、すごいじゃないですか。いまは多くの素材が石油からつくられていますが、石油が枯渇したらそれを代替するものが必要になります。ただ、これまで環境にいい素材は機能性がいまいちで、使いものにならなかった。クモの糸なら環境性と機能性を同時にクリアできるかもしれない。そう考えて研究をスタートさせました。

田原　おもしろい。でも、これまでほかの研究者たちは同じことを考えなかったんだろうか。

関山　アメリカ軍がクモの糸を人工合成しようとしていたことがあります。ただ、彼らが使っていたのはヤギなんです。クモの遺伝子をヤギの乳腺の中に組み込んでお乳を搾り、その中からクモの糸の成分を抽出して糸をつくるのですが、このプロセスではコストがかかりすぎて話になりません。現実的なのは、微生物を使ったプロセスです。クモの遺伝子を微生物に組み込み、糸の成分になるたんぱく質をつくらせるのです。このプロセスは一九九〇年代からデュポンや東レなど繊維メーカーも含めて多くの研究者が挑戦していましたが、生産性が悪くてほとんどが頓挫していました。

田原　関山さんはどうして自分ならできると思えたのですか？　米軍や大手メーカーが失敗していたとわかったら、普通は自分たちも無理だと考えますよね。

関山　タイミングですかね。バイオと情報科学の融合が進んで、九〇年代ならできなかったことが当時はできるようになっていました。一度頓挫したプロジェクトを企業が復活させるのは大変ですが、私たちはそうした組織的なしがらみもないし、やるならいまだろうと。

田原　具体的にどのような研究をしてきたのですか？

関山　地球上には三万数千種のクモがいます。それらの遺伝子を解読していくと、だいたいどのクモにも似た塩基（ＤＮＡの構成要素）の並び方をしている部分があります。そこがクモの糸の基本コンセプトなので、微生物に組み入れればクモの糸の本質的な特性は再現できます。ただ、クモ糸タンパク質は分子量が大きく複雑なので、クモ糸の遺伝子をそのまま微生物に入れてもつくってくれません。そのため微生物に適した並び方に変えてあげる必要があります。クモ糸の特性を保ちつつ、生産性が高まるようにＤＮＡを人工合成して最適化していく。その研究を日々繰り返してきました。

田原　DNAって、そんなに簡単に人工合成できるのですか。

関山　クモの糸のように複雑で大きいDNAを合成するのは難しかったので、大学院に入ってまずその技術を研究しました。技術ができたのが一年半後。さっそく合成したDNAを微生物に組み込んで、修士修了間際に数ミリグラムの糸ができました。

将来はクモ糸が金属の代わりに

田原　いまはどれくらいできるようになったのですか。

関山　全方位的に改善していって、いまは生産性が当初の四五〇〇倍になりました。

田原　すごいですね。

関山　私たちはラッキーでした。日本には発酵や繊維の分野で世界トップレベルの会社がたくさんあります。たとえば発酵分野でいえば、お酒やお醤油の会社が高度な発酵技術を持っています。私たちは、そうした会社をリタイアしたエンジニアの方々に声をかけて、いろいろと指導をしていただいた。これは本当に大きかったですね。

田原　生産性が飛躍的に向上したきっかけはあったんですか。

関山　ブレークスルーがあればおもしろいのですが、残念ながらそういう話は全然ないんです。研究は細かい工夫の積み重ね。地道に改善を重ねて、数ミリが数十ミリに、数十ミリが数百ミリに、そしてグラムになるというように、段階的に生産性を高めてきたというのが正直なところですね。

田原　二〇一三年には、つくった糸を「ＱＭＯＮＯＳ」という名前で発表しました。

関山　その糸で青いドレスをつくり、六本木ヒルズで発表しました。海外でも大きく取り上げられ、それなりに注目していただけました。さらに一五年一〇月にスポーツ用品のゴールドウインさんと共同開発したパーカのプロトタイプを発表しました。

田原　実用化が着実に進んでいますね。商品としては、やっぱり衣料品が中心ですか。

関山　現在、ほかにも自動車部品の小島プレスさんと提携して自動車に使えないかと研究しています。

田原　なるほど。いま自動車メーカーは炭素繊維を車体に使おうとしていますね。クモの糸は、その代わりになりうる？

関山　少し違います。クモの糸は炭素繊維と補完関係にあります。炭素繊維はとても硬いので自動車のシャーシに向いています。ただ、硬い素材は衝撃を吸収しにくいので、事故があってぶつかったときにもろい面があります。一方、クモの糸は衝撃を吸収する性能が高い。両方を組み合わせれば、硬くて衝撃にも強い樹脂ができます。ですから、クモの糸の実用化が進めば炭素繊維の普及も加速するという関係ですね。競合するとしたら、むしろ金属でしょう。自動車や飛行機などの輸送機器は、安全性を高めるとともに、軽量化して燃費効率を高めることも求められています。鉄の比重は七・八ですが、クモの糸は一・三くらい。将来は金属の代わりに使われる機会が増えていくはずです。

田原　将来に期待大ですね。いま競合といえる会社はあるのですか。

関山　サンフランシスコに同じようなことをやっているベンチャーがあります。でも、私たちのほうが一・五歩か二歩くらい先を行っています。

地方都市だからできること

田原　関山さんは、二四歳のときにスパイバーを設立しました。会社をつくったのはどうしてですか。

関山　理由はいろいろありますが、一番大きな理由は資金調達です。当時私は博士課程でしたが、博士課程の学生が使える研究費って、せいぜい年間に数百万円です。クモの糸の実用化には億単位の研究費が必要でしたから、会社にして投資家に投資していただいたほうがいいと判断しました。

田原　そこが関山さんのおもしろいところだ。研究者は企業化してお金を集めようとはなかなか考えない。

関山　どうでしょう。私はもともと研究一筋というより、事業サイドの視点のほうが強いタイプ。起業するという選択肢にとくに違和感はありませんでした。

田原　お金はどれくらい集まったのですか？

関山　はじめはまったく集まりませんでした。最初の二年間くらいは無給。アルバイトしながら何とか研究を続けていました。お金が集まり始めたのは、数十メートルの糸をつくれるようになった〇九年ごろですね。「バイオビジネスコンペＪＡＰＡＮ」で最優秀賞をいただいたことで少し注目していただけるようになり、その年にベンチャーキャピタルから総額三億円を調達できました。

田原　そこで聞きたい。資金調達も含めてほかの会社といろいろやりとりするのに、鶴岡は不便じゃないですか。研究施設はともかく、本社機能を東京に移したほうがいいと思うんだけど。

関山　鶴岡は若干不便なところもありますが、総合的に見ると、とってもいい場所。移転するつもりはないです。

田原　鶴岡に会社を置くメリットは何でしょう？

関山　まず、入社したい人のスクリーニングになります。おかげさまで海外からも入社志望の方が来るのですが、おそらく海外の人にとって鶴岡は名前すら聞いたことがない町。それでも働きたいというモチベーションが高い人だけが入社してくれるのは、大きなメリットです。

田原　いま社員は何人ですか。

関山　約一〇〇人です。その一〇分の一くらいが外国人で、インド、中国、アメリカ、ドイツ、サウジアラビア、エクアドル、イタリア、台湾などいろんな国や地域から来てくれています。これからさらに増えていくと思います。

田原　わかりました。将来は山形だけでなく、日本を代表する大きな企業になるかもしれませんね。楽しみにしています。

社長経験者一五人は、世界を変えたかったんです

ＦｉＮＣ社長

溝口勇児

一九八四年、東京都生まれ。三歳で両親が離婚。妹と三人で過ごす。高校時代は学費を稼ぐためにアルバイトを掛け持ち。トレーナーをしていたスポーツクラブに高校卒業後に就職。〇七年スポーツクラブの支配人に抜擢。されるも経営悪化で店舗の閉鎖を経験。その後、スポーツクラブ向けコンサルティングなどを手掛け、一二年にＦｉＮＣを設立。一三年東京・永田町に完全個室のプライベートジムを開設。翌年には銀座にもオープン。一四年オンラインダイエットサービス「ＦｉＮＣダイエット家庭教師」を開始。一五年ＡＮＡ、クレディセゾン、第一生命、三菱地所などから資金調達を発表した。

ライザップとどう違うのか？

田原　ＦｉＮＣはモバイルヘルスケアの会社ですね。具体的にはどのようなサービスをやっているのですか？

溝口　まず個人向けでは「ＦｉＮＣダイエット家庭教師」というサービスを提供しています。専用のアプリケーションを使って、痩せたいとか健康になりたいというユーザーと、トレーナーや管理栄養士などの専門家をマッチング。アプリケーション上で毎日、家庭教師のように指導を受けられるというサービスです。

田原　減量指導はスポーツジムでも行われています。そのスマホ版？

溝口　そうです。私は起業前、スポーツクラブの経営に携わっていました。スポーツクラブは、みなさんに健康を届けるのに効果的な手段の一つです。ただ、対面式は場所と時間の制約があって、トレーナー一人が見ることができる人数は五〇人が限界でした。多くの人に健康になってもらうには、非対面という選択肢があっていい。そう考えていたころにスマホの普及が重なって、これだと。

田原　サービスは会員制？

溝口　会員制というより、二カ月間のプログラムなので、二カ月経つと卒業という形になります。

田原　二カ月でどれくらい痩せられるのですか。

溝口　個人差がありますが、平均すると五〜六キロです。

田原　いまテレビでライザップがたくさんＣＭを流していますね。あれも短期間で痩せることを売りにしていますが、どう違うの？

溝口　まず対面と非対面の違いがあって、私たちのほうは日本全国、場所を問いません。それから、ゴールの後が違います。どちらも二カ月でダイエットすることをゴールにしていますが、私たちが提供しているのは、二カ月後のゴールだけでなく、そのあとも活かせる知識や知恵です。

田原　もう少し具体的にいうと？

溝口　短期間で痩せたければ、炭水化物を抜くのが近道です。ただ、それで痩せても、その後も炭水化物を一生抜き続けられるのかという問題があります。私たちは、続けられなくてリバウンドするようなサービスを提供したくない。一人ひとりの体質に合わせて、五大栄養素をバランスよく摂りつつ、二カ月経ったときには正しい知識と知恵が身についているというサービスにしています。

田原　家庭教師役の専門家は溝口さんの会社で雇用しているのですか？

溝口　社内にもいますが、「Ｆ・ｉＮＣオンラインワークス」というプラットフォームを用意して、管理栄養士、トレーナー、インストラクター、看護師、薬剤師といった外部の専門家も家庭教師になれる仕組みにしています。専門家へのニーズは高いのに、育児や介護などの事情で働けない専門家も多く、現在は供給が足りていない状況です。その需給ギャップをテクノロジーで埋めています。

田原　法人向けにも何かやってらっしゃるのですか？

溝口　従業員やそのご家族向けの健康プログラムや二四時間受付の無料相談チャットを組み合わせた「Ｆ・ｉＮＣプラス」をやっています。料金は一人月五〇〇円です。

田原　企業の関心は高そうですね。

溝口　最初はテスト的に三〇社ほどで導入していただきました。その反応を見て自信がついたので、一六年三月から本格的に展開しています。

田原　ところで、溝口さんは三歳のときにご両親が離婚されたとか。

溝口　母は一九歳のときに私を身ごもり、結婚しました。父は気性が荒くて、働いてもすぐにケンカして辞めてしまう人だったそうです。妹が生まれて、このまま

田原　では将来が心配だから離婚したと聞いています。
溝口　じゃあ、お母さんが女手一つで育てたわけだ。
母はゴルフ場のキャディなど住み込みの仕事をしながら私たちを育ててくれました。当時は相当な借金があって、夜は夜でまた別の仕事をしていました。寮で一緒に暮らしてはいるのですが、母が休んでいる姿はほとんど見たことがなかった。本当に大変だったと思います。

高校の学費を稼ぐためスポーツクラブへ

田原　学校には行っていたのですか？
溝口　はい、一応。ただ、あまり真面目ではなかったですね。母や母の兄妹もみな高校中退だったせいか、進学という選択肢は最初からありませんでした。勉強はやればできたのかもしれません。でも、そもそも勉強に未来を感じていなかったので。
田原　高校はどうしたんですか？
溝口　中学を出たら働くつもりでしたが、母からすすめられて結局は高校に行きまし

田原　た。ただし、学費は自分持ちです。引っ越しや土木作業、マクドナルドなど、いろいろなバイトを掛け持ちして稼いでいました。

溝口　そのころスポーツクラブでバイトを始めて、ヘルスケアと出合うのですね。

はい。トレーナーは人気の職業で、求人倍率が高いんです。私は体育大学や専門学校を出ているわけではないので、最初は丁稚奉公からのスタート。最低賃金で朝から晩まで先輩にくっついて勉強させてもらいました。卒業後は、そのままバイト先のスポーツクラブに就職しました。

田原　トレーナーって、どういう仕事ですか？

溝口　お客様の悩みをヒアリングして、それに対するソリューションを提供する仕事です。ダイエットしたいとか、健康維持したいというご希望に合わせて個々に運動プログラムを作成して指導します。ランニングマシーンでどれくらいの速度で何分走るのかといったところまで、細かくプランニングします。

田原　プログラムの作成は、専門知識がなくてもできるんですか。

溝口　できません。だから最初は先輩にくっついて教わっていました。私は最年少で、何の経験もない真っ白な状態。先輩たちにとっては教え甲斐がある後輩だったようで、ずいぶんかわいがってもらいました。私自身、知識や知恵が足りないことは自覚していたので、何でも吸収してやろうという思いも強かった。手前味噌ですが、おかげで成長は速かったと思います。

二三歳で支配人抜擢も敗戦処理だった

田原　溝口さんは、二三歳で支配人になる。これはどういう経緯で？

溝口　スポーツクラブの経営が悪化していて、支配人だった上司がいなくなったんです。それで急遽、私が抜擢されまして。

田原　どうして経営が苦しくなったんですか。

溝口　約五億円の投資をしてつくったスポーツクラブでしたが、立地が悪くて、当初の集客目標の三分の一程度しか集まりませんでした。また、設備にこだわりすぎて、ランニングコストが必要以上にかかっていました。その結果、毎月大赤字に。経営していたのは年商一〇億円、従業員一〇〇人ほどの中小企業でしたから、かなり厳しかったはずです。

田原　そこをあなたが立て直した？

溝口　いいえ。私が支配人になった時点ですでに閉鎖が決まっていました。要するに、撤退業務のために抜擢されたようなものです。

田原　いきなり敗戦処理ですか。具体的にどんなことをするのですか？

溝口　スポーツクラブ一店に関わっているスタッフは、社員や業務委託の人を含めて約四〇～五〇人。みなさんに、辞めていただかざるをえなくなったことを伝えるのが最初の仕事でした。経営者に退職金を配慮してもらったり、ほかのスポーツクラブに斡旋するなどして、できるだけのことをしたつもりですが、やはりつらい仕事でしたね。

田原　会員は何人いたんですか。

溝口　一五〇〇人です。閉店のお知らせをするために店頭に一週間立って直接ご説明したのですが、これもつらかった。スポーツクラブは地域のコミュニティインフラになっていて、なかにはここで友達に会うのが唯一の楽しみだという年配のお客様もいらっしゃる。そういう場所をなくしてしまうことが心苦しくて。

田原　でも、経営が悪化したのは溝口さんのせいじゃないでしょう？

溝口　そこは表から見えないところなので、僕が店を潰したと思っているお客様は多かったんじゃないでしょうか。ただ、本当のことを伝えてもお客様の気が晴れるわけではありません。だからひたすら平謝りです。

田原　閉店後はどうしたのですか。

溝口　もとの会社の経営者から既存事業の立て直しをやってほしいと頼まれ、引き受けました。それからスポーツクラブの経営に本格的に携わるように。幸い会社はV字回復して、私たちが運営していたスポーツクラブが業界のロールモデルの一つになった。ほかのスポーツクラブから業務改善のコンサルティング依頼もいただくようになって、忙しくしていました。

自分でも孫正義になれると思った

田原　起業は考えなかったんですか？

溝口　ずっと意識していました。お店が潰れた後、どうすれば閉店せずに済んだのかと考えたんです。それで出た答えが、自分が影響力を持った存在になること。たとえば私が芸能人や一流スポーツ選手なら、お客様はおそらく大勢来たはずです。とはいえ、私がいまからタレントやプロ野球選手になるのは現実的ではない。そのときふと浮かんだのが、ソフトバンクの孫正義さんでした。当時は無知だったので、自分でも努力すれば孫さんになれるんじゃないかと思ったん

田原　ですね。それでいつか自分もオーナー経営者になろうと心に誓っていました。起業の準備はしていた。

溝口　ナイキジャパンの元社長だった秋元征紘さんが運営しているジャイロ経営塾に通って勉強していました。毎回五人くらいの少人数でディスカッションをします。経営の実務はすでに体験していましたが、座学のほうが足りていなかったので、とても勉強になりました。

田原　起業したのはいつですか？

溝口　起業したいという願望が起業するぞという決断に変わったのは、東日本大震災がきっかけでした。報道を見ていて、いても立ってもいられなくなり、会社の送迎バスに物資を積んで、七〜八人で宮城の閖上までいったんです。当時はまだ散々な状況で、被災者の方から、防波堤のところに多くの人が浮かんでいたという話も聞きました。私は親戚が少なくてお葬式に出たこともなかったので、人の死についてリアルに触れたのはこのときがほぼ初めて。経験を積んでから経営者になろうとか、悠長なことを言っている場合ではないと痛感しました。

田原　のんびり準備している時間はないと思ったわけね。

溝口　はい。戻った後に募金活動をしたこともきっかけの一つになりました。当時、柳井正さんや三木谷浩史さんは一〇億円、孫さんは一〇〇億円の寄付をしていました。私もサイトを立ち上げて集めたのですが、額は三〇〇万円。社会的影響力の圧倒的な差を見せつけられた気がして、正直悔しかった。このままでは人生終われない。そう思って、一年後に起業しました。

田原　開業資金はあったのですか。

溝口　それまでに貯めた自己資金四〇〇万円と、借り入れと社債で三〇〇〇万円集めてスタートしました。

経営経験者一五人が参画した理由

田原　事業はスポーツクラブ運営？

溝口　いいえ、いきなりヘルスケアです。最初は遺伝子や血液、尿などの検査分析サービスから始めました。遺伝子検査というとハードルが高そうですが、いまは自宅で口腔粘膜や唾液を採取して、検査機関に郵送で送り、その人のゲノム情報を洗い出すことができます。そういった検査結果があれば、その人に合った健康情報を届けることも可能になります。

田原　検査もするんですか。

溝口　専門機関に、一検体当たりいくらという形で契約しています。ＦｉＮＣという社名は、個人にぴったり合わせるという意味での「Ｆｉｔ」と、専門家の知識や知恵をつなぐという意味の「Ｌｉｎｋ」を合わせて名づけました。ですから検査機関も自前で持つのではなく、専門家の力を借りようと。

田原　このサービスはうまくいったのですか。

溝口　いまは「ＦｉＮＣダイエット家庭教師」のプログラムに組み込まれています。累計で二万～三万人の方が分析サービスを利用したんじゃないでしょうか。

田原　いま社員は何人ですか。

溝口　一〇〇人を超えたくらいです。三分の一がエンジニアで、三分の一が管理栄養士やトレーナー、研究者。残りの三分の一が事業開発です。

田原　興味深いのが経営メンバーです。みずほ銀行の元常務やゴールドマン・サックスの元幹部がメンバーに入っている。どうしてこういう人たちを集めたんですか？

溝口　掲げているゴールから逆算したとき、私一人だと到達できそうにないなと思いまして。いま社内には、経営者経験のある人が一五人います。

田原　経営者って、みんな個性が強いでしょう。そういう人がよく溝口さんの話に乗ってくれましたね。

溝口　タイミングがよかったんでしょう。これまで世の中を変えてきた会社の多くは、市場が伸び始める黎明期にサービスを始めています。モバイルヘルスケアは今後間違いなく伸びる市場で、私たちはちょうどいいタイミングで始めた。そこに可能性を感じてくれた方が多かったんじゃないかと。

田原　それにしても、実績がなかった溝口さんに賭けたというのがすごいですよね。

溝口　最初に取締役CTOの南野充則がジョインしてくれたことが大きかったです。私は前の会社で経営のスキルを身につけていたし、現場のトレーナー出身なのでお客様のニーズも肌でわかっています。一方、南野は東京大学在学中に二つの会社を立ち上げていて、テクノロジーにめっぽう強かった。いまのままではお互い中小企業の経営者で終わるかもしれないが、それぞれの強いところを合わせれば、きっと世の中を変えられる。そう口説いたところ、まず南野が加わってくれました。すると、南野と事業上のつきあいのあった乗松文夫さんが、「あの南野が自分の会社を畳んでジョインした会社とは、どんなところなのか」と興味を持ってくれた。そこから次々に広がっていきました。

田原　上場も考えていますか。

溝口　三年以内の上場を目指しています。大きな会社になれば世の中に与える影響力も大きくなるので、やはり規模は追求したい。また、川上から川下までさまざまなサービスを届けるにはM＆Aも必要。ゆくゆくはホールディングカンパニーにしたいです。

田原　わかりました。頑張ってください。

解説

ゼロから人を集める

FiNC　溝口勇児

最高の人材を集めるために必要なことは四つあります。一つ目は「大きなビジョン」。町で一番を目指すというのと、世界一を目指すではやはり後者のほうが人を惹きつけます。FiNCに実績豊富な大先輩や各領域のプロが加わってくれたのも、「世界を代表するウェルネスカンパニーになる」というビジョンの壮大さが心を揺さぶったからでしょう。

もちろん立派なビジョンを掲げても、魂が入っていないと見透かされます。私の場合は幸いなことに経験から導かれたビジョンだったことが大きかった。では、経験のない人はどうすればいいのか。大切なのは言い続けることです。最初は軽い気持ちでも、繰り返して口にするうちに、言葉が自分の細胞に浸透して、本気度が増していきます。そしてその言葉を信じてくれる人が現れれば、期待に応えたいという思いから、さらに本気度が増すでしょう。

二つ目は「リターン」です。リターンはお金にかぎりません。ある人は成長できることかもしれないし、好奇心を満たせることかもしれません。わが社のある社外取締役に対しては、「報酬はほとんど払えません。僕はあなたの考え方を一生懸命吸収します。それで会社を大きくするので、三年後、あなたは『あいつは俺が育てた』と言えます」と口説いて就任してもらいま

最高の人材を集める4つのポイント

①大きなビジョンをぶつける
誰もが心の動く「大きな」ビジョンを伝える。
また、何回か伝えることで相手にも自分にも定着してくる。

②リターンを示す
相手が求めている承認欲求(給料・ポジション・社会を変えたいなど)は
何なのかを理解し、それに合う利益を提供する。

③活躍できる居場所を与える
ゴールに対してその人がどのような能力があり、
どんな役割をできるのかを伝え、適切なポジションについてもらう。

④実現可能性を説明する
語った大きなビジョンに対して、どんなステップで進め、
どうすれば実現できるかを伝える。

した。つまり自分の考えを後世に残すというリターンが、その方を動かしたのです。

三つ目は「居場所」です。人は、自分がいてもいなくても変わらない場所に魅力を感じません。大きなビジョンを実現させるストーリーの登場人物として、役割を提示できるかどうか。役職にこだわらず、その人がバリューを発揮できる場所を与えることが大切です。

四つ目は、ビジョンの「実現可能性」です。いくらビジョンが輝いていても、実現可能性が低いと人は動いてくれません。具体的にはロードマップが必要です。私も「こういう手順でやれば、グーグルやフェイスブックを超えられる」と示して、絵空事ではないことを理解してもらいました。

この四つを満たせば、新しい組織でも優秀な人に来てもらうことができるはずです。

第三章

どうやって、お金を集めたの？

個人投資家のもとで丁稚奉公をしました

スターフェスティバル社長

岸田祐介

一九七七年、兵庫県生まれ。九六年近畿大学へ入学。大学入学直後からカラオケボックスでアルバイトを始め、三日で大学に行かなくなり退学。二〇〇〇年高級ハンドバッグ輸入商社に就職。捨てられる輸入用の高級段ボールや紐をインターネットオークションで販売し、月数百万円を売り上げる。〇二年楽天へ入社。〇四年楽天野球団の立ち上げに携わり、スタッフの採用やチケット販売を主に担当。〇九年マンションの一室で弟と店舗なし弁当店「南青山惣助」をオープン。一二年法人向けオンラインお弁当宅配サイト「ごちクル」をオープン。一五年社員食堂の代わりにお弁当を届ける「シャショクル」のサービスを開始した。

カラオケ店の早朝営業で一儲け

田原　岸田さんは高校生のころから経営者になることを考えていたそうですね。どうしてですか？

岸田　父親の影響でしょうか。父はボーリング業を営んでいました。ただ、経営をはっきり意識したのは高校卒業後の一九歳のころです。

田原　何があったのですか。

岸田　大学に入って大阪・道頓堀のカラオケボックスでアルバイトを始めました。店は夜六時にオープンして、朝五時に終わります。早朝お店を閉めていると、仕事を終えたホストクラブのお兄さんやキャバクラのお姉さんがぞろぞろと出てくる。彼らは仕事帰りなのに、早朝なので飲んで帰る店がありません。店を開けていればきてくれるのではないかと考えてオーナーに提案したところ、「おまえが経営するなら、その時間だけ貸してやる」と言われ、朝の五時から夕方まで自分でお店をやることに。そのときはじめて経営というものを経験して、これはおもしろいなと。

田原　うまくいったんですか。

岸田　大当たりでした。でも、うまくいきすぎて、約一年後に店のオーナーに取り上げられました。「そんなに儲かるんなら、あとは俺がやるから」と言われてしまって。

田原　それはもったいない。

岸田　当時は無知だったので、とくに契約書も交わしてなかったんです。もう店を貸さないと言われたら、引き下がるしかなかった。

田原　そのあとはどうしたの？

岸田　就職したかったのですが、大学は三日で行かなくなって、中退したので、入れてくれるところがありません。最終的には親戚のツテでハンドバッグの輸入商社に入り、百貨店の外商をやっていました。百貨店の外商担当と二人でお客様を回って、高級ハンドバッグを売る仕事です。

田原　そこでインターネットビジネスと出合ったんですね。

岸田　会社のゴミ捨て場には梱包資材が捨てられています。あるとき、捨ててあった紐を引っ張ってみたら、有名ブランドのもので、一〇〇メートルくらいあった。そのころヤフーオークションが流行り始めていたので、家に持ち帰って、母親にアイロンをかけてもらい、売ってみたら、なんと一〇万円になった。輸入用の段ボールも一箱三万円で売れました。

田原　段ボールが三万円？

岸田　はい。売り上げは最高で月数百万円になりました。本業の給料は約二〇万円でしたから、それと比べてインターネットの力はすごいなと。

田原　元手なしで月数百万円はおいしい。どれくらい続けたのですか。

岸田　三カ月でやめました。インターネットのすごさは痛感したけれど、それだけすごいのなら、ゴミだったものをネットで売る人はすぐに出てくるはず。今後も続けるなら仕組みを一から学んだほうがいいと考えて、ＩＴ企業に転職することにしました。

田原　それで楽天に入ったと。

岸田　最初に受けたのはヤフーです。オークションで使っていたので。でも、大学中退だったせいか不採用。ほかの会社はないかと調べて、楽天を受けました。

田原　大学中退で入れるんですか。

岸田　じつは一回、落ちてます。最初は紹介会社を通したのですが、ダメでした。諦めきれなくて、次は楽天の公式サイトから申し込みました。インターネットにかける思いを込めた書類を一〇ページくらい書いて送ったところ、面接に呼ばれて採用してもらえました。当時の楽天は上場した直後で、大量採用していた。タイミングもよかったんだと思います。

田原　楽天では、どんな仕事をしていたのですか。

岸田　新入社員は全員、まず営業活動をします。僕は最初の月に成果を出して新人賞を獲得。活躍を認めていただき、二カ月目に新事業の子会社に出向になりました。お弁当の宅配をする楽天デリバリーという会社です。

田原　そこでお弁当ビジネスと出合うわけですね。どんなサービスをされていたのですか。

岸田　お弁当を宅配している業者さんをインターネットに掲載して、お客さんはそれをを見てＷｅｂ上で注文する。注文を受けたお弁当業者が自分たちでお弁当をつくって、配達もするというビジネスモデルです。

草野球同好会でプロ野球チーム運営

田原　その後東北楽天ゴールデンイーグルスの立ち上げにかかわったそうですね。

岸田　楽天がプロ野球に参入することを朝のニュースで知り、社内公募に応募しました。二〇〇人の応募の中から選ばれた三人の中に僕も入っていました。

田原　なかなかの倍率ですね。

岸田　楽天の野球同好会のメンバーだったこともプラスに働いたかもしれません。チームの準備室はぜんぶで一〇人。サードを守っていた人が球団代表になって、監督が球団社長、ファーストが取締役になった。僕はショートを守っていました（笑）。

田原　球団ではどういう仕事を。

岸田　収益をあげる事業部門で主に採用とチケット販売を担当していました。

田原　何年いらっしゃったんですか。

岸田　三年です。楽天は合計で五年半お世話になりました。

田原　どうして辞めたの？

岸田　もともと三〇歳で辞めて起業するつもりでした。それは楽天に入社したときに決めていて、入社早々、まわりに宣言していました。退職後に何をするのか決まっていなかったのですが、実際に三〇歳になってしまったので、もう辞めざるをえないなと。

田原　さて、辞めて何しましょうか。

岸田　先輩の小澤隆生さんが、僕が辞める数カ月前に楽天を退職して個人投資家になっていました。起業の種を探すために、とりあえず小澤さんのところで丁稚奉公しました。

田原　小澤さんはどういう人?

岸田　楽天オークションのもとになるサービスをつくった人で、そのサービスを楽天に売却して入社。その後、楽天イーグルスの責任者も務めていました。僕はもともとオークションに興味があって楽天に転職したので、小澤さんは憧れの存在でした。いまはヤフーの執行役員を務めていますが、当時はエンジェル投資家として活動されていました。彼の背中から学んだことが山ほどあります。

田原　弟子入りして、何か見つかりましたか。

岸田　小澤さんが答えを教えてくれるわけではないので、自分で模索するしかありません。自分の人生を振り返ったところ、僕はカラオケボックスや楽天デリバリーで食べ物にかかわっている時間が長かった。一方、球団の動員責任者になって、球場にきたお客さんが楽しんでいる光景も心に残っていた。この二つを考えると、食というテーマでたくさんの人に喜びを感じてもらえる仕事がいいなと。

田原　具体的には何をしたのですか？

岸田　まず思い浮かんだのが飲食店経営で、実際に現場を経験するためにフレンチレストランに頼み込み、一カ月無給で働かせてもらったりしました。でも、飲食店経営は資金面でリスクが高くて断念しました。

田原　でも、たいていの事業にはお金がかかりますよ。

岸田　そう思って悩んでいたある日、小澤さんが「家の前のスペースをタダで貸してあげるから、何かやってみれば」と言ってくれまして。飲食店経営にかかる家賃、人件費、食材原価のうち、家賃がタダになるならチャンスがあるかもしれない。再検討して、お弁当屋さんを始めることにしました。

田原　場所はタダで借りられるとして、お弁当はどうしたのですか。

岸田　最初は自分たちでつくるつもりでしたが、業者さんを探しました。

田原　どうやって？

岸田　虎ノ門のお弁当屋さんで行列が一番長いお店を張り込みました。お弁当を卸しにきた業者さんをタクシーで追いかけて、大田区にあるお弁当工場を特定。交渉して、仕入れさせてもらうことになりました。

田原　うまくいったのですか。

岸田　それが、始められなかったんです。準備万端でエプロンまで揃えたのですが、直前に小澤さんの奥さんから「家の前でお弁当を売られると困る」とストップがかかりまして。

田原　あらら。それは大変だ。

岸田　結局、事業構想は白紙になりました。でも、結果的にはそれがよかった。リアルな場所がダメならどうすればいいのかと考えた結果、いまのインターネットで販売するモデルにシフトできた。奥さんがノーと言っていなかったら、いまのビジネスはなかったかもしれません。

田原　二〇〇九年にWeb上で、「南青山惣助」というお弁当屋さんをオープンします。集客のほうはどうでしたか。

岸田　楽天での経験で集客するノウハウは持っていましたが、オープンから半月はまったく注文が入りませんでした。二週間過ぎてから一日一本くらいのペースで注文が入り始め、結局、一カ月目は四五万円の売り上げが立った。続けて二カ月目に三〇〇万円、三カ月目に四五〇万円に。これならいけそうだということでスターフェスティバルを設立しました。

田原　配達はどうしたのですか？

岸田　配達の専門会社さんと一緒にやりました。つくる、運ぶ、売る、それぞれプロを集めたほうが、お客様にいいサービスを提供できるという考え方です。

田原　つくるプロですが、お弁当業者だけでなく、飲食店とも提携していますね。これはどうしてですか。

岸田　初年度は一〇のパートナーさんと提携して、約一億五〇〇〇万円の売り上げになりました。二年目、さらに飛躍するために着目したのがレストランです。世の中には、美味しいけど出前をやっていなかったり、出前しても近所だけという飲食店がたくさんあります。それらの店と契約して料理をお届けできれば、お客様に喜んでいただけるはず。そう考えて、有名店にお声がけしました。現在おつきあいのある飲食店は六〇〇を超え、運営サイトである「ごちクル」の商品の種類も八〇〇〇以上に。いま月に三五万食売れています。

お弁当で社員食堂を代行

田原　「ごちクル」は順調のようですが、一五年、新たに「シャショクル」というサービスを始めていますね。

岸田　社員食堂の代わりにお弁当を販売するサービスで、「社食が来る」で「シャショクル」です。大企業さんなら従業員のために社員食堂を用意できるかもしれませんが、普通は難しい。そこで私たちが毎日日替わりでお弁当をオフィスにお持ちして、対面で販売します。

田原　ランチタイムに外でお弁当を販売している店がたくさんありましたが、東京都では路上販売の規制が強化された。あれは追い風ですか。

岸田　はい。問い合わせは増えています。たくさんの会社が入っているようなオフィスビルはエレベーターも混雑するので、行きに一〇分、店に並んで一〇分、帰りに一〇分で、お昼休みが実質的に三〇分くらいになってしまう。そこでロスするより、社内でゆっくり食べてもらったほうがいいと考える企業が増えてきたようです。

田原　取扱高はどのくらいですか。

岸田　一〇〇億円が見えてきました。

田原　競合はいるんですか？

岸田　ＩＴ系で同じことをしている会社さんもいくつかは出始めています。ただ、まだ大きな競合にはなっていないですね。ＩＴ企業にとって、お弁当の宅配は案外ハードルが高いんです。ネットだけでなく電話でも注文を受けるコールセンターがいるし、お弁当の商品開発では、卵焼きの味つけをどうしようかということまで考えないといけない。そうすると、一般的なＩＴ企業にいる人材だけでは対応できないので。

田原　岸田さんのところは、いま、何人いらっしゃる？

岸田　三五〇人ほどです。いま川上から川下まで手を広げることを選択肢として視野に入れているので、生産や加工のプロセスで元農家や元飲食店経営者もいますし、配達経験のある元ドライバーもいる。コングロマリットになっています。

田原　そのうち上場するのですか。

岸田　上場がすべてだとは思っていません。ただ、上場も選択肢として排除せずに経営にあたっています。

地球の裏側でもお弁当配達

田原　そうですか。今後は、どんな展開を考えていますか。

岸田　まず日本でしっかり足場を固めることが先ですが、いずれは海外展開したいですね。東京オリンピックまでに、日本のおいしい食事を地球の裏側でも提供できる仕組みをつくりたいです。

田原　海外？　日本のお弁当を海外に宅配するの？

岸田　つくるのは、現地じゃないでしょうか。先ほど申し上げたように、いま私たちは販売だけでなく、製造から配達まで足を踏み入れてノウハウを蓄積していいます。これをそのままフルパッケージで海外に輸出していけたらいいなと。

田原　地域でいうと、どこですか。

岸田　人が多い都市ならどこででも。狭いエリアの中に人が集中していて、ある程度のGDPがあり、道路やインターネットのインフラが整っていれば、世界中どこでも可能だと思います。

田原　わかりました。挑戦、楽しみにしています。

月面探索レースは夢への第一歩

HAKUTO代表

袴田武史

一九七九年、東京都生まれ。九九年一浪の後、上智大学理工学部に入学するも宇宙への憧れを捨てられず再度受験し、名古屋大学工学部航空宇宙工学コースへ入学。大学卒業後、米ジョージア工科大学に進学。〇六年修士号（Aerospace Engineering）取得後、ロベンダル・マサイに入社し、経営コンサルタント業に従事。〇九年宇宙開発レースのチームに参画。一〇年欧州との混合チームを設立したが、欧州の撤退を受けて日本単独チーム「HAKUTO」に改組。運営母体であるispace社を設立。一五年民間月面探査コンテスト「Google Lunar XPRIZE」の中間賞を受賞し、五〇万ドル（約六〇〇〇万円）の賞金を獲得した。

月面五〇〇メートル移動で賞金二〇〇〇万ドル

田原　袴田さんが代表を務めるチーム「HAKUTO」は、「Google Lunar XPRIZE」という賞金レースに参加されているそうですね。これはいったい何のレースですか？

袴田　アメリカに賞金レースを活用してイノベーションを促そうとしている、XPRIZE財団という団体があります。彼らが主催するプロジェクトの一つに、月面にロボットを送り込み、五〇〇メートル以上移動させて、月面の映像を地球に送り返したら勝ちというレースがあります。それが、「Google Lunar XPRIZE」。名前からもわかるようにグーグルがスポンサーになっていて、ミッションを最初に成し遂げたチームは賞金二〇〇〇万ドルを獲得できます。

田原　賞金レースでイノベーションを促すってどういうことですか？

袴田　これから月の開発が進んでいくと、民間で地球から月に物資やロボットを輸送する時代に入ります。その技術を早く実現させるために、賞金レースを活用して競わせようというわけです。

田原　まだちょっとわからない。月を開発するって、何を開発するの？

袴田　たとえば資源開発です。よく取り沙汰されるのはヘリウム3。核融合すると莫大なエネルギーが取れるので、エネルギー資源として注目されています。もっとも、核融合の技術が確立するのはまだ先の話です。現実的な資源として有望なのはレアアースだと思います。

田原　レアアース？

袴田　隕石にはレアアースが含まれています。じつは地球のレアアースもほとんどが隕石からきています。月には隕石が落ちたままなので、かなりの量のレアアースが眠っているといわれています。それからもう一つ、水も重要な資源として注目されています。

田原　月に水があるのですか。空気がないのに？

袴田　ＮＡＳＡが大胆な実験を行って、月に水があることを確認しました。月の南極にミサイルを撃ち込み、飛び散った岩を分析して、水の成分があることを見つけたのです。水は人間の生存には必要ですし、水素と酸素に分けることで燃料にもなる。非常に期待されています。

田原　なるほど。

袴田　資源を開発したり月面に基地をつくるときには、月にロボットを送り込む必要があります。そのためのイノベーションを、このレースによって促そうとしているのです。

スターウォーズに憧れて

田原　わかりました。このレースには、どれくらいの数の団体が参加しているのですか？

袴田　レースは二〇〇七年に開始されていて、もっとも多いときで三四チーム参加していました。ただ、途中で断念したチームも多く、現在は一八チームが残っています。

田原　参加は世界各国から？

袴田　はい。ただ、一つの国で一チームという決まりはないので、アメリカは四〜五チームあるし、ヨーロッパからも複数のチームが参加しています。日本から参加しているのは、私たちだけです。

田原　袴田さんは、そもそもなぜ宇宙に関心をお持ちになったのですか？

袴田　子どもっぽいんですけど、小学生のときに『スター・ウォーズ』をテレビで観て、宇宙船、かっこいいなと。それがきっかけです。

田原　大学で航空宇宙工学を学んだ。

袴田　名古屋大学の航空宇宙工学コースに進みました。ただ、自分がやりたい勉強ができて嬉しかった半面、違和感もありました。

田原　どうして?

袴田　各研究室が非常にレベルの高い研究をしていました。ただ、一つ一つは最先端なのですが、それを組み合わせて宇宙船をつくることを研究している研究室がなかった。探してみると、アメリカのジョージア工科大学に航空宇宙工学の概念設計を研究しているところがあった。それで修士課程はそちらに進みました。

田原　アメリカでは、どんなことを勉強したのですか。

袴田　たとえばNASAと連携して、どの研究にどれくらい投資することが適切なのかを研究したりしていました。そういう意味では宇宙工学というより、経営に近い研究ですね。

田原　ところが袴田さんは卒業後、コンサルティング会社に就職した。宇宙開発をやりたいなら、国の機関に就職するのが普通じゃないの?

袴田　そのころXPRIZE財団は、「Ansari X Prize」というプロジェクトを展開していました。これは民間で宇宙旅行ができる機体を開発するプロジェクトです。ジョージア工科大学でそのレースの優勝メンバーの講演があったのですが、話を聞いて、これからは民間の宇宙開発が加速すると確信しました。将来、民間の宇宙開発企業を経営するなら、まずそっちの経験を積んでおこうと考え、調達コストの最適化を得意にしているコンサルティング会社に就職しました。

週に三日は会社、四日は宇宙開発

田原　その後、「Google Lunar XPRIZE」と出合った。これはどのような経緯だったのですか。

袴田　JAXA(宇宙航空研究開発機構)に勤めていた友人の結婚式に出たとき、隣に座っていたのがたまたま「Google Lunar XPRIZE」に参加していたヨーロッパチームの人でした。彼が日本人の協力者を探していて、私に声をかけてくれたのです。

田原　どうして日本人に声をかけたんだろう?

袴田　「Google Lunar XPRIZE」に参加するには、三つのコンポーネントが必要です。一つ目は打ち上げ、二つ目は月面への着陸船、そして最後の一つが月面で動かすロボットです。ヨーロッパのチームは着陸船のエンジニアが中心で、ロボットのエキスパートがいませんでした。また、このレースに参加するには五〇億〜一〇〇億円かかるといわれていますが、ヨーロッパのチームは資金集めに苦労していた。それで日本と共同でチームを組み、ロボットの技術や資金を補おうとしていたわけです。

田原　そのチームに加わったと。

袴田　そうです。自分に話がきたのは運命なのかなと思いまして。

田原　チームで、袴田さんは何をやるのですか？

袴田　ロボットに関しては東北大学の吉田和哉教授に協力を要請していて、私はお金の調達をやりました。当初の計画では、トータルで五〇億円、日本側で二〇億円以上集めることになっていました。当時は会社に相談して、週に三日は会社の仕事、残りは宇宙のプロジェクトという生活でした。

田原　ところが、途中でヨーロッパチームと離れて、日本だけでチームをつくった。これはどうして？

袴田　ヨーロッパ側がお金を手配できず、一三年の頭に解散してしまったのです。撤退するという選択肢はありました。でも、いま撤退すると絶対後悔すると思いました。やめるのは、すべて投げ出して一〇〇%コミットしてからでも遅くない。そう思って会社を辞め、チーム「HAKUTO」を立ち上げました。

メンバーは五人＋ボランティア

田原　チーム「HAKUTO」は何人ですか?

袴田　フルタイムのメンバーは五人です。あとはボランティアという形で常時二〇〜三〇人ぐらいいます。

田原　みなさんは、具体的にどんな作業をするのでしょうか。

袴田　一番大きな仕事はプロモーションです。このプロジェクトをより多くの人に知ってもらって、お金集めにつなげることが目的です。

田原　さきほどプロジェクト参加には五〇億円かかるとおっしゃった。それは変わらない?

袴田　われわれのミニマムのミッションなら、一〇億円以下でいける計算です。プロジェクトには三つのコンポーネントがあると言いましたが、打ち上げや着陸船を私たちが独力で開発するのは難しい。そこで一番得意なロボットのところに技術を集中させて、打ち上げや着陸船は相乗りでやることにしました。打ち上げと着陸船が得意なところに、宅配便みたいに料金を払ってロボットを運んでもらうようなものです。

田原　そのほうが安くなる？

袴田　はい。料金は一キロで約一・四億円。私たちが月に持っていくローバー（探査車）は四キロで、運賃は五億円です。それにロボットの開発費や運営費用を加えて、だいたい一〇億円です。

田原　問題は資金をどうやって集めるか。将来は大きな事業になるといっても、まだ現実味がなくて、投資家や企業は反応が悪そうですが……。

袴田　最初は企業スポンサーさんが集まらず、まず支援していただくことに決まったのはエンジェル投資家の方でした。私たち若い世代の人間が新しい世の中をつくろうとチャレンジしていることに共感してくださったようです。ただ、それからベンチャーキャピタルにも資金を入れていただいたり、ＩＨＩさんもスポンサーになっていただいています。

田原　なるほど。肝心のロボットの開発はどうですか。いま目の前にローバーがあるけど、これは本物？

袴田　はい。宇宙に行くのはこれより一回り小さいローバーですが、実験で走らせたのはこれです。

田原　ローバーの動力源は何ですか。

袴田　電気です。バッテリーと、いまは貼っていませんが側面に太陽電池パネルを貼って、そのエネルギーで走ります。

田原　でも、地球上と月面では、いろいろ条件が違いますね。たとえば月には空気がない。

袴田　空気がないと対流が起きないので、電子機器やバッテリーが発熱すると熱がこもって使えなくなってしまうおそれがあります。ですから、熱をうまく逃がす工夫をいろいろとしています。

日本のロボット技術を世界にアピール

田原　そもそも月は空気がないから、気温も高いでしょう？

袴田　昼間は一二〇度で、逆に夜は冷えてマイナス一五〇度になります。将来はそれに耐えられる機体を開発したいですが、今回はまずミッションをクリアすることが最優先なので、明け方のちょうどいい温度環境でローバーを走らせる予定です。

田原　ほかに、地球で走らせるときと違う点はありますか？

袴田　ロケットに載せるので振動にも耐えなくてはいけないし、宇宙は強い放射線が飛び交っているので、電子機器がやられないように対策をする必要もあります。そのあたりはすでに実験済みです。

田原　資料によると、一五年一月に中間賞をもらったそうですね。

袴田　中間賞は、参加チームの中で技術が進んでいるチームに対して贈られる賞です。今回は五チームが受賞。私たちは浜松の中田島砂丘で五〇〇メートル走らせる実験をして、モビリティ賞をもらいました。

田原　賞金は出るのですか？

袴田　はい、五〇万ドルです。だいたい六〇〇〇万円ぐらいですね。

田原　その賞金は、資金の足しになりますね。ＨＡＫＵＴＯとして必要な費用は、もう集まりましたか？

袴田　じつはまだです。いま水面下でいくつか大きな案件が動いているので目標はクリアできそうですが、日本のロボット技術を世界の舞台でアピールするために、より多くの方や企業さんに応援していただけたらいいなと考えています。

田原　資金は多ければ多いほうがいいわけですね。

袴田　今回、ミニマムのミッションは五〇〇㍍以上走って動画を撮ることですが、資金が集まれば、縦穴の探査をやりたいと考えています。じつは最近、日本の研究者によって月面に縦穴が開いていることが明らかになりました。縦穴には横に洞窟が走っていて、洞窟は将来、人間が住む基地に適しているのではないかといわれています。その探索をするのに、プラス一〇億円くらいかかる。スポンサー次第ですが、今回そこまでやるプランも立てています。

月面開発をビジネスにしたい

田原　着々と準備が進んでいるようですが、打ち上げの予定はいつ？

袴田　一六年の後半を予定しています。アメリカのケネディ宇宙センターから、イーロン・マスクのスペースX社のロケットで飛ぶ予定です。

田原　着陸船はどこがやるのですか。

袴田　アストロボティックというアメリカのベンチャーです。そのチームも賞金レースに参加しているので、月面に着いたら、「よーいどんでF1レースをしよう」と言っています。

田原　おもしろい。ほかの有力チームはどうですか？

袴田　中間賞を受賞したチームは、ぜんぶライバルです。HAKUTOのほかに、アメリカが二社、そしてインド、あとはドイツです。

田原　インドですか。意外です。

袴田　じつは宇宙開発のハード面は、わりと古い技術の寄せ集めでつくることが可能です。これから重要になってくるのは、着陸などを自律的に制御するソフトウエア。インドはそのあたりが得意なので、有力チームとして残ってくると思います。

田原　最後に聞きたい。賞金レース、もし勝てなかったらどうなりますか。

袴田　勝利を目指して最善を尽くしますが、そのことが最終的な目的ではありません。私たちがやりたいのは、ロボット技術を活かして月の資源開発を進めることです。レースが終わった後も、二度、三度と月に行って資源のありかをマッピングしたりサンプルを回収して、資源開発を次のステップに進めていく。今回の賞金レースは、その第一歩です。

田原　なるほど。賞金レースは、ゴールというより、むしろスタートだ。結果が楽しみです。応援しているので、頑張ってください。

「社長になりたい」「女にもてたい」とすべて正直に

クラウドワークス社長

吉田浩一郎

一九七四年、兵庫県生まれ。九四年東京学芸大学へ入学。大学卒業後パイオニアに入社。カーナビのルートセールスで関東一位の営業実績をあげる。二〇〇一年展示会企画会社リードエグジビションジャパンに転職し、新規営業を経験する。〇四年ドリコムへ入社。営業担当の執行役員として上場に携わる。〇七年ZOOEE（ゾーイ）起業。メンズスカートの販売やベトナムでの衣料販売ビジネスを展開。参入する事業がことごとく失敗。役員・部下の離反などにあう。一一年に貯金をすべてつぎ込み、「クラウドソーシング」を手掛けるクラウドワークスを設立。一四年東証マザーズに上場。二〇三五年に営業利益一兆円を目指す。

客も仲間も失った一度目の起業

田原　吉田さんは最初から起業家志望ではなく、学生時代は演劇にのめりこんでいたそうですね。なのに、どうしてビジネスの世界に？

吉田　じつは劇団で手痛い失敗をしまして。寺山修司にインスパイアされ、廃墟を借りて屋外演劇をしようとしたことがありました。廃墟の管理人という人と契約して半年間かけて準備したのですが、途中で別に管理人がいることが発覚して公演が中止に。注ぎ込んだ二〇〇万円は返ってこなくなり、劇団員にも「俺の半年間を返せ」と木材で殴られてケガしました。この事件で契約やお金のことを何も知らないと、やりたいこともできないと痛感。一回、社会に出て勉強しようと、就職しました。

田原　最初はパイオニアに入って、抜群の営業成績を残したとか。それなのに、どうして辞めたのですか？

吉田　私がやっていたのは、決まった店舗を毎日、ぐるぐる回るルート営業だったので、新規営業がやりたいと、展示会の会社に転職しました。そこでは主に半導体や液晶、エネルギー関係の企業などを回り、展示してくださいとお願いしていました。

田原　でも、そこも辞めて、ＩＴ業界に転職した。これはどうして？

吉田　展示会の会社で一営業マンとして事業の立ち上げをやらせてもらったのですが、次は会社の立ち上げをやってみたくなったんです。ただ、身近に会社を立ち上げた人がいなかったので、ひとまず大前研一さんのアタッカーズ・ビジネススクールに通いました。そこでライブドア時代の堀江貴文さんをはじめ、いろいろな方のお話を聞くことができました。なかでも印象的だったのは、孫泰藏さんの授業です。孫さんは、オンラインゲームの世界では、他のプレーヤーとチームを組んで友情が芽生えるという話をしていました。もともと演劇が好きで、人と人は対面で会ってこそ何かが生まれると考えていた私にとって、会わなくても人と人がつながるという話は衝撃的で、まずはインターネット業界に飛び込んでみようと転職しました。

田原　具体的にどんな会社だったのですか？

吉田　ドリコムという会社で、当時はブログを運営していました。社員は約一〇人で、エンジニアばかり。そのころ私は、何とか自分の価値を伝えようと、恥ずかしながら自分で「営業の達人」と書いた名刺をつくって配っていたんです。ある会で知り合ったドリコムの内藤裕紀社長に名刺を渡したら、「ちょうど営業の達人を探していた」と声をかけてくれまして。それで、会って二回目で転職することになりました。

田原　そのドリコムも辞めて、二〇〇七年に起業します。何かきっかけがあったんですか？

吉田　〇六年に会社が株式公開したのです。最終的にはナンバー2になったんですが、その会社を上場させたことで、次は自分で器をつくってみようと考えたわけです。

自分の価値感に気づいたお歳暮

田原　何をやるのか決めていたの？

吉田　最初はコンサルティングやホームページの制作など、頼まれたことを何でもやっていました。三年間やってとりあえず黒字にはなっていたんですが、自社で何か事業をつくっていたわけではなかった。それがよくなかったんでしょう。

役員が愛想を尽かして、取引先を持って出ていきました。よく調べると、半年前から取引先と周到に打ち合わせをして準備していたことがわかりました。そのときに他の社員も辞めてしまい、私は一人ぼっちになったんです。

田原　仲間やお客さんを失って、よく心が折れませんでしたね。

吉田　一〇年の年末、マンションのオフィスで一人、「もう三六歳だけど、どこか雇ってくれるかな」と悩んでいるときに、呼び鈴が鳴りました。出てみると、ある上場企業からのお歳暮でした。このお歳暮が本当に心に染みて、自分は人に「ありがとう」と言われたくて働いてきたんだと初めて気づきました。

田原　吉田さんは方向転換を迫られて、クラウドソーシングと出合った。

吉田　サイバーエージェント・ベンチャーズ社長の田島聡一さんに教えていただきました。「いまインターネットでクラウドソーシングという革命が起きている。吉田さんは法人向け営業が得意だから、合っているのでは」と教えてくれたんです。

田原　クラウドソーシングというサービスをまだ知らない人もいると思う。これはどんなサービスですか？

吉田　仕事をアウトソーシングしたい企業と、仕事したい個人をインターネット上でマッチングするサービスです。調べてみると可能性を感じました。アメリカにoDeskという会社があり、一一年当時ですでに年間二〇〇億円くらいの仕事をマッチングしていました。すごいのは、アメリカの企業が発注する仕事を、フィリピンやウクライナ、インドなどの人たちが受注していたこと。まさに世界規模です。それと、外注というと単発のイメージがありますが、oDeskでは、週三〇時間以上、その会社の仕事を継続的にやっているフリーランスも多かった。つまり社内にいる社員と同じように、世界中の個人がチームで働いているという未来が生まれはじめていたのです。

投資家との面談で「おまえはあやしい」

田原　クラウドソーシングの会社をつくるのに何から始めましたか。

吉田　仲間探しです。ただ、私は業界内で「あいつは役員に逃げられて失敗した」と噂になっていたので、まずは信頼がある人に株主になってもらおうと考えました。会いに行ったのは、楽天球団の立ち上げメンバーの一人で、企業向けビジネスの神と言われていた小澤隆生さんです。

田原　いきなりでは小澤さんにも信用されないでしょう。

吉田　はい。最初の面談で、「おまえはあやしい」とはっきり言われました（笑）。ただ、ビジネスモデルには興味を持ってもらえました。

田原　どうやって信用を得たの？

吉田　いままでの失敗談を正直に話しました。自分はお金にも、社長という地位にも興味があった。女性にもてたかったし、ワインも好きだった。でも、失敗を経て、人の役に立つ事業をしたいということ以外はいらないと本気で思った。だからクルマも売ったし、前の会社で得た貯金二五〇〇万円も、すべてこの事業につぎ込みます。三回、四回と通って、そうお伝えしたら、最終的に出資していただけることになりました。

外様同士だから得られた共感

田原　ほかに投資してくれた人は？

吉田　クラウドソーシングを教えてくれた田島さんも会社として投資してくれました。田島さんは、銀行からサイバーエージェントに入ったので外様の人。私も

田原　二十代にインターネット業界にいなかった外様の人間だったので、共感してもらえる部分があったのかもしれません。

吉田　小澤さんや田島さんが株主として加わって、信用力が増した。次は何をやりましたか？

田原　まずプログラマーに声をかけました。仕事と人のマッチングはニワトリと卵の問題と同じで、発注する企業と受注する個人のどちらを先に集めるべきかが問題になります。ですが当時はプログラマーが足りない状況だったので、まずそれを集めるのが先だろうと。

吉田　でも、プログラマー不足なら、優秀な人はみんな忙しいから相手にしてもらえないのではないですか。

田原　はい。だから最初は顔写真だけをお借りしました。トップページに著名なプログラマーの方たちの写真を五〇人くらい並べて、「間もなくオープンです。興味ありませんか」と出したわけです。

吉田　その後はどうしたのですか。

田原　運のいいことに、日経新聞が「小澤さんの投資先を取材したい」ということで記事にしてくださり、それをきっかけにエンジニアの事前登録が一三〇〇人に達しました。一三〇〇人のリストを持って、今度は企業に営業に行きました。当社のビジネスモデルはシンプルで、前金なしの成功報酬型。マッチングが成立するまで料金は発生しないので、話を聞いてくれるところが多かった。一カ月半ほどで、けっこうな数の企業が集まりました。

田原　サービスを始めて、軌道に乗ったのはいつごろからですか。

吉田　インターネットサービスは最初に使っていただく人を増やすことが大切なので、当初は収益を低く抑えるのが定石です。ですから収益という意味で軌道に乗ったのは最近のこと。一三年一〇月からでしょうか。

あの会社も上場時は赤字だった

田原　一四年一二月に上場しましたね。五〇人の登録から始まった会社ですが、いまはどうなっていますか。

吉田　個人は五〇万人、企業は七万六〇〇〇社。そのうち一四年度に仕事を発注した企業は約五万社。パナソニックさんやソニーさん、トヨタ自動車さんといった大企業も入っていて、発注額は年間一五億円に達しました。弊社はそのマージンをいただくので、売り上げは四億円ぐらいです。

田原　職種はどうですか。いまもプログラマーが中心？

吉田　いまはすそ野が広がって、プログラム、デザイン、事務が三分の一ずつぐらいです。ちなみに国のほうも広がっていて、世界一〇八カ国から会員登録があります。

田原　いま、従業員は何人ですか。

吉田　上場時二九人でしたが、いまは八〇人。一五年九月末には一二〇人態勢にする予定です。

田原　市場が拡大すると、競合も多くなります。強みは何ですか。

吉田　いまクラウドソーシングをやっている会社は日本全体で二〇〇社ぐらいあります。その中で私たちは、大企業向けのサービスをいち早く立ち上げたということが強みです。

田原　でも、他の会社も同じことはできますよね。

吉田　中長期で考えると競争優位性は高くないかもしれません。それでも、業界でいち早く上場したことは大きい。今回、私たちは赤字上場でしたが、一四年前、サイバーエージェントさんも赤字上場でした。しかし、上場を果たしたことでネット広告を独占した。私たちもトップシェアを取りにいきたいと考えています。

田原　ところで、吉田さんは、クラウドソーシングが個人の働き方を変えたという。どういう意味ですか。

吉田　クラウドソーシングによって、個人の働き方の選択肢は大きく増えました。それから、個人が信用を積み重ねやすくなったことも大きい。これまではフリーランスの人はクレジットカードや住宅ローンの審査で落ちることが多かった。しかし、企業に帝国データバンクがあるように、個人としての実績を評価して可視化する仕組みがあれば、個人も法人と同じように信用を得られるはずです。クラウドソーシングは二一世紀の個人の信用インフラになりえます。

田原　もっと具体的に聞きたい。信用が蓄積して可視化されると、働き方はどう変わりますか。

吉田　たとえば子育てや介護で退職し、その間にクラウドソーシングで仕事をしたとします。再就職したくても、従来なら退職中にやっていた仕事は把握しづらく、実績として認められにくい現実がありました。しかし、クラウドソーシングなら個人としての信用が貯められて、企業側にもアピールしやすい。こうして正

田原 社員に復帰するケースがあたりまえになれば、フリーランスだけでなく、会社に勤めている人の働き方も多様化するのではないかと思います。

吉田 クラウドワークスの次なる目標は何ですか。

数値目標でいえば、今後二〇年で営業利益一兆円を目指しています。孫正義さんのソフトバンクは三三年で営業利益一兆円でしたが、それを二〇年でやってみたい。もう一つのテーマはチーム経営。ワンマンではなく、一人一人の力によって営業利益一兆円を達成したいです。

東日本大震災で変わった意識

田原 日本でうまくいった経営者は、孫さんにしろ、三木谷（浩史）さん、柳井（正）さんにしろ、みんなワンマンじゃないですか。

吉田 私は東日本大震災で、人の意識が変わったと思っています。自分を守ってくれるのは会社やお金ではなく、結局、家族や仲間、地域の人たちだということに多くの人が気づきました。つまり震災を境に、貨幣ではなく人が中心になる社会に変わった。貨幣を中心とした社会では、ワンマンがお金で押さえつけるような経営も可能だったでしょう。しかしこれからは一人一人が納得いく働き方ができているのか、納得いく仲間と働いているのかというところに光を当てないといいパフォーマンスを生まないと思います。その意味で、チーム経営が大事なのです。

チーム力があれば指揮者はいらない

田原　チーム経営だと、吉田さんは経営にどうかかわるのですか？

吉田　いま私は現事業に関する会議にはほとんど参加していません。現場の力だけで一〇〇%決めます。

田原　それでうまくいきますか。

吉田　カーネギーホールと契約しているオルフェウス室内管弦楽団という楽団があるのですが、そこには指揮者がいなくて、演奏者同士で話し合って音楽をつくります。これで四〇年続いているそうですから、経営も同じことができるんじゃないかと。

田原　猪子（寿之）さんのチームラボも同じですね。ただ、指揮者がいらないとすると、

吉田　吉田さんもいらないんじゃない？（笑）

吉田　ははは、そうですね。実は三年後から必要な事業に対して、人の採用をしています。三年後まではいまのチームでできるので、その先に必要なものを考えて動いています。

田原　わかりました。今後も期待しています。頑張ってください。

解説

ゼロからお金を集める

クラウドワークス　吉田浩一郎

ベンチャー企業が調達するお金には三つの種類があります。「自己資金」「融資」「出資」です。使用目的でいうと、自己資金は基本的に何に使ってもかまいません。逆に、融資は限定的。銀行は投資の用途を明確にしたうえでないと貸してくれず、目的外の使用は許されていません。一方、中間に位置しているのが出資。用途を明確にする必要がありますが、仮にほかの用途に使っても引き揚げることができないため、計画になかった事業転換を行う場合などほかの用途に資金を使うことも可能です。

つまり、すでにビジネスモデルが見えていて、投資すれば拡大できるとわかっているなら融資を選択したほうがいい。一方、先が見えないイノベーションを起こそうとしているときには、出資や自己資金が適しています。

出資は調達先によって、さらに「個人投資家」「ベンチャーキャピタル」「事業会社」の三種類に分類されます。個人投資家は起業経験のある人が多く、投資家の知恵やコネが紐づいています。また、個人投資家が納得してくれれば、必ずしもすぐにイグジットする（出資者が株式を売却して利益を確保する）必要はありません。それに対して、ベンチャーキャピタルからの出

事業が拡大する「出資」の3ステップ

		メリット	デメリット
A	**個人投資家** （エンジェル）	・投資家の過去の成功体験から学べる ・投資家からVCや企業を紹介してもらえる	・会社のイメージにその投資家の印象がつく可能性がある
B	**ベンチャーキャピタル** （VC）	・個人投資家よりも大きな額の資金が得られる ・具体的な経営支援、事業支援が期待できる	・一般的に、ファンドの満期である10年以内に株式が売却されることが多い
C	**事業会社** （商社・メーカー・通信会社など）	・具体的な事業提携につながることが多い ・VCと違い売却の期限がない	・事業会社としての投資目的が明確な場合が多いので、その目的に自社の経営が影響を受けることがある

資は一〇年でM&AやIPOでイグジットするのが一般的です。一方、事業会社は事業との相乗効果を狙い、新規事業創出の足掛かりにするなど、自社の経営課題を解決することを目的に出資するケースが多いようです。

それぞれの目的を考えると、成長の第一段階は個人投資家、第二段階はベンチャーキャピタル、第三段階は事業会社から出資を受けると動きやすいでしょう。実際、クラウドワークスはまずはじめに小澤隆生さん（現ヤフー執行役員）など5人の投資家、次に伊藤忠テクノロジーベンチャーズなどのVC、事業が軌道に乗った後はサイバーエージェントなどの事業会社から出資してもらっています。

起業家や新規事業に携わる方はこれらを踏まえたうえでお金のつくり方を考えるべきでしょう。

第四章

どうやって、お金を稼ぐの？

二〇二〇年に自動運転タクシーを走らせます

ZMP社長

谷口恒

一九六四年、兵庫県生まれ。八六年群馬大学工学部卒業後、自動車制御機器メーカーにエンジニアとして入社。二〇〇一年、ZMPを設立。家庭向け二足歩行ロボット「nuvo」、自律移動する音楽ロボット「miuro」を発売する。〇八年自動車の自動運転技術開発プラットフォーム「RoboCarシリーズ」の開発を開始。一四年、名古屋大学と公道での自動運転の実証実験を開始。一五年DeNAと合弁会社「ロボットタクシー」を設立。また、ソニーモバイルコミュニケーションズと合弁会社「エアロセンス」を設立し、ドローン向けサービスも開発。一六年神奈川県藤沢市で自動運転タクシーの実証実験を開始し、二〇年の東京五輪までの実用化を目指す。

田中角栄が描いた、四〇年前の構想

田原　二〇一五年五月、谷口さんのZMPはDeNAと組んでロボットタクシーという会社を立ち上げた。ロボットタクシーって、いったい何ですか？

谷口　自動運転技術を活用した新しい交通サービスです。イメージとしては、携帯端末で目的地を指定するだけで自動運転車が迎えにきて、カメラで自動認識してドアを開けてくれて、最短ルートで送り届けてくれるようなサービスですね。

田原　夢のような話だけど、そもそもどうしてそんなサービスをしようと思ったのですか？

谷口　私は兵庫県姫路市の出身ですが、七〜八年前に地元のタクシー会社が廃業して、駅前からタクシーがいなくなりました。仕方がないから隣の駅から呼んでいたのですが、隣の駅も似たような状況になって、いまは隣の隣の駅から呼ばないとタクシーに乗れません。これは姫路だけではなく、全国の地方で起きている現象です。本当は田舎にもいいところがいっぱいあるのに、交通の便が年々悪くなり、住みづらさが増しています。これを解決するには、運転手が要らない

田原　自動運転タクシーがいいだろうと。過疎化が進んで人手が足りない地方で、新しい交通インフラをつくろうということですか。

谷口　そうですね。地方の発展に交通インフラの充実は欠かせないと思います。三カ月くらい前、古本屋さんで田中角栄元首相の『日本列島改造論』をたまたま手に入れました。そこにはCVS（Computer-controlled Vehicle System）、つまりコンピュータで制御された乗り物システムの話が登場していました。私たちがやろうとしているロボットタクシーがまさにそれにあたりますが、四〇年以上も前にそれについて触れているのは、さすがだなと思いました。

田原　へえ。僕も『日本列島改造論』を何度も読みましたが、それは知らなかった。田中角栄は「国土の均衡ある発展」と言って、そのころ〝裏日本〟と言われていた日本海側を発展させるためにいろいろ苦心していた。昔もいまも、地方活性化の答えの一つは交通インフラだというのはおもしろいね。

谷口　田中角栄さんが情熱を持って国を変えたように、私もロボットタクシーで地方を変えたい。その思いが、この事業の根本にあります。

田原　わかりました。気になるのは、本当にロボットタクシーが実現するかどうか。

谷口　自動運転技術は、いまどこまで進んでいるのですか？
自動車の運転は、レベル1から4まであります。人が運転する自動車はレベル1。次のレベル2がADAS（Advanced Driver Assistance Systems）と呼ばれる運転支援システムで、よそ見してぶつかりそうになったときにブレーキをかけてくれたり、高速道路なら人が運転しないでも真っすぐ走ってくれたりします。次のレベル3は、ADASがさらに高度になったもの。そしてレベル4が、運転手が要らない完全な無人運転です。

いきなり無人運転を実現させたい

田原　谷口さんのところも、まずはレベル3を実現させるのですか？
谷口　いや、私たちはいきなりレベル4の無人運転を狙っています。レベル3までは人が運転するので、ビジネスモデルも現在の延長線上といえます。一方、レベル4は無人なので、ゲームチェンジが必要になる。日本の既存の自動車会社はビジネスモデルを変えることを嫌ってレベル3を目標にしていますが、国際競争力を考えると、レベル4をやらないとダメ。いま、日本でレベル4に手を挙

田原　げているのはＺＭＰだけです（対談当時）。
谷口　海外ではどうですか？
田原　アメリカのウーバー（Ｕｂｅｒ）というタクシー会社や、グーグルも自動運転の実験をやってます。
谷口　グーグル？　ＩＴ企業が自動運転の研究をするんですか。いったい何が目的だろう。
田原　グーグルの社員じゃないのでわかりませんが、伝えられているところでは、自動運転車からいろいろデータを取り、グーグルマップなどと組み合わせて新しいサービスをつくるという話です。私たちと考えていることは違いますが、レベル４を前提としていることは同じです。

東京五輪までに実用化

谷口　レベル４の無人運転は、もう技術的に可能なのですか？
田原　法律の問題で人が乗ってハンドルを握る必要がありますが、ある条件下では、もうアクセルやブレーキは踏まなくていいところまできています。ただ、一般道では難しいところがまだ多いですね。高速は真っすぐで何もないからいいのですが、一般道は道が狭く、人もどんどん飛び出してきます。とくに日本は道路が複雑です。たとえば渋谷の交差点は人がうじゃうじゃいるし、汐留は工事が多くてプロの運転手でも車線に迷います。ああいうところでは、まだ自動運転はできません。

田原　一般道でできないなら、ロボットタクシーなんて無理じゃないですか？

谷口　高速道路は日本で一割くらいしかないので、たしかにご指摘の通り、一般道で自動運転できなければみなさんの役に立てません。私たちはベンチャーなので、そこに挑戦しなければ意味がない。ですから、いま一般道で実験を重ねているところです。具体的に言うと、いま名古屋の守山というところで市街地のバス専用レーンを走らせています。次は、神奈川県藤沢市の公道。徐々に複雑なところで実験を重ねて、この町のここまで行けたが、事故は起こらなかったというレポートを政府に提出して、ドライバーがいなくても大丈夫だということを説得する計画です。

田原　このままでいくと、いつごろ実用化できますか？

谷口　東京オリンピックまでの実用化を目指しています。工場を自社で持つのではなく、自動車整備工場のネットワーク化で対応するつもりです。ロボットタクシーは、ゼロから自動運転車をつくるのではなく、既存の自動車を買ってきて改造してつくります。改造技術があればいいので、整備工場と契約して、部品を納めてセットアップしてもらいます。

田原　なるほど。もう一つ、気になるのは価格です。過疎地域に交通インフラとして定着させるには、運賃を安くしないといけません。低運賃を実現するには、ロボットカーのコストも下げないといけない。一台つくるのに、いくらかかりますか？

谷口　実用化の際には、一台一〇〇〇万円というところまで持っていきたいです。一〇〇〇万円というと高く感じるかもしれませんが、従来のタクシーは車両だけでなく人件費がかかります。人件費が不要ということを考えれば一〇〇〇万円は高くないし、そのぶんサービス料も安くできるでしょう。

倒産の危機を救った自律移動技術

田原　ZMPは自動車の自動運転に特化した会社かと思いましたが、最初は二足歩行

谷口　ロボットをビジネスにしていたそうですね。どうして二足歩行ロボットを？

私はもともとインターネット事業で起業していました。ただ、ネットはアメリカの技術をいち早く日本に持ってきたところが勝ちなので、正直いってあまりおもしろくなかった。日本ならではの事業がしたいなと考えていたところ、二足歩行ロボットの研究をしている文部科学省の知人から、技術移転を受けてベンチャーをやらないかという話をいただきました。当時はホンダの「ＡＳＩＭＯ」、ソニーの「ＡＩＢＯ」が出たころ。この分野なら日本企業でも存在感を出せると思い、国と契約して新たに会社を設立しました。ちなみに社名のＺＭＰは、二足歩行ロボットが動くときのゼロモーメントポイント（zero moment point）理論にちなんでつけています。

田原　それで〇五年に「nuvo」というロボットをつくった。これは民生用ですね。

谷口　はい。家庭用二足歩行ロボットで、声をかけるとこっちに歩いてきたり、ダンスをしたりします。いわば高級な玩具ですね。機能はもう一つあって、携帯電話で連絡すると、ロボットの目についたカメラで家の中を映して、その映像を遠隔で見ることができます。実際は警備や防犯というより、外からペットの様子を見て楽しむという使い方のほうが多かったみたいですが。

田原　「nuvo」は売れたのですか？

谷口　売れました。愛玩用はすでに「ＡＩＢＯ」が世に出ていましたが、人型ロボットで量産されたものは当時なかったですから。台数でいうと、五八万八〇〇〇円の普通のモデルが五〇〇台、金沢の漆職人の会社と提携した漆塗りのモデル八八万八〇〇〇円が一〇〇台売れています。

田原　その次に開発したのが、〇七年に販売した「miuro」。これはどういうロボット？

谷口　「nuvo」は売れたものの、いくつか課題も見つかりました。人型ロボットは移動がヨチヨチ歩きで、段差があるとすぐ倒れます。また、価格も高かった。では、どうすれば移動を安定させ、価格も安くできるか。そこで開発したのが、二足歩行のかわりに二輪で動くロボット「miuro」です。ただ動くだけではおもしろくないので、音楽を運んでくれるという付加価値をつけました。たとえば朝五時半にヴァン・ヘイレンの「ジャンプ」で起こしてくれというと、朝、充電ステーションから自動で寝室まで来て音楽を流してくれます。これも売れて、最初つくった五〇〇台は完売しました。

田原　勝手に寝室まで来てくれるって、自動運転みたいなもんだね。

谷口　そうなんです。じつは私たちが自動運転にシフトしていくのも、「miuro」がきっかけでした。

田原　どういうこと？

谷口　「miuro」がヒットしたので、さらに安いモデルを大量生産しようと、ベンチャーキャピタルから資金を集めました。ところが〇八年のリーマン・ショックでベンチャーキャピタルが潰れかけ、わが社も資金が底をついてしまった。このままでは倒産するというとき、目に留まったのが「miuro」の自律移動技術です。この技術を自動車につければ自動車メーカーが買ってくれるのではないかとひらめいて、ミニチュアの自動運転車をつくった。

ミニチュアカーを自動車メーカーに販売

田原　ごめんなさい。ちょっとよくわからなかった。自動運転のミニチュアカーを自動車メーカーが買うって、どういうこと？

谷口　自動車メーカーは自身で運転支援や自動運転の研究をしています。実験は本物のクルマを使ってテストコースでやりますが、実験にはコストがかかるし、いろいろな開発チームがあるので順番も簡単に回ってこない。そこでテストの前に小さな模型でシミュレーションするのですが、その実験機として私たちの自動運転車を売り込んだのです。

田原　実験機？　メーカーは実験用のミニカーも自分でつくれないの？

谷口　つくれると思いますが、彼らにしたら道具を買う感覚です。たとえばクルマの設計にはCADが使われます。でも、トヨタは自社でCADのソフトをつくらないで、他社から買ってくる。そのほうが早くて安いからです。自動運転の実験機も同じです。私たちから買ったほうが、メーカーも楽ができます。

田原　なるほど。それでメーカーは買ってくれたの？

谷口　〇九年に一〇分の一の模型を一〇〇万円で売り出したところ、ほぼすべてのメーカーが買ってくれて、一番厳しい時期を何とか乗り越えることができました。この実験機はいまも売れていて、累計で二〇〇台以上売れています。その次が、もう少し大きいサイズの一人乗りのロボットカー。これは五〇〇万円で、四〇台ほど売れています。原付のナンバーをつければ公道も走れるので、自動車メーカーや部品メーカーのほか、大学や自治体が小型モビリティの研究用に購入するケースも多いです。

田原　ミニチュアカー、一人乗りときたら、次は普通車ですね。

谷口　普通車のロボットカーは、人とお金の体制が整った一二年から販売しています。本体はプリウスを使っていますが、やはり実験車両として自動車メーカーが買うことが多いので、その場合はメーカーさんのクルマにセンサーやコンピュータ、ソフトウエアを載せてお渡しします。価格はセンサーの数によりますが、だいたい三〇〇〇万〜五〇〇〇万円。いままで三〇台ほど売れています（台数は対談当時）。

アジア市場を獲れば世界で勝てる

田原　ところで、御社は自動運転技術をクルマ以外にも応用しているそうですね。説明してもらえますか。

谷口　たとえばコマツさんと資本提携したり農機メーカー数社と組んで、建設・鉱山機械や農機の自動運転化を進めています。また、一六年には自動運転で人の後を勝手についてきてくれる台車「CarriRo（キャリロ）」のリースを開始します。これが倉庫にあると一度に二倍、三倍の荷物を運べます。人数でいうと、一〇人の集配所なら八人で済む計算です。

田原　建機に農機、台車。車輪がついていれば何でもいけそうですね。

谷口　車輪のあるものだけじゃないですよ。例えば、ソニーモバイルコミュニケーションズと一緒に手掛ける自動運転のドローンのサービスも予定しています。ビルなどの大きな建築工事では、ゼネコンやデベロッパーが施工管理しますよね。それを自動運転のドローンでやるのです。具体的にはドローンが飛んで現場の三次元マップをつくり、上から俯瞰して工事の進捗や資材の量をチェックします。

田原　おもしろい。これは一台いくらで売るのですか？

谷口　自動運転のドローンを直接販売するのではなく、ドローンで収集したデータを日報として現場監督の端末に届けるサービスを予定しています。価格は一年で一台五〇〇万円くらいです。

田原　最後にもう一度、クルマの話を聞きましょう。谷口さんは世界で存在感を出したいといって日本のロボット産業に目をつけた。自動運転車で、ＺＭＰは世界を獲れますか。

谷口　そのつもりです。

田原　世界で争うとしたら、ライバルは日本の自動車メーカーよりグーグルですか。

谷口　レベル4のサービスで競合するのはウーバーでしょうね。勝算はあります。技術の追求も大事ですが、ビジネスとしては先に実装したほうが勝ち。私たちはロボットタクシーを日本で成功させ、アジアにもすぐ展開します。アジアを獲れば、世界でも優位に立てるはずです。

田原　頼もしいですね。ぜひ頑張ってください。

人材業界のグーグルになります

ビズリーチ社長

南壮一郎

一九七六年、大阪府生まれ。父親の転勤に伴い、幼稚園から中学校までをカナダで過ごす。九五年静岡県立浜松北高校卒業後、米国タフツ大学へ進学。九九年大学卒業後、モルガン・スタンレー証券に入社。投資銀行部門にて企業買収、M&Aのコンサルティングに携わる。二〇〇三年、個人会社を立ち上げ、フットサル場の管理やテニスの国際大会の通訳などに取り組む。〇四年プロ野球再編問題が起こる中、楽天・三木谷浩史社長にプレゼンの機会を得て、楽天球団の創業メンバーに。〇七年に退団し、〇九年に管理職・グローバル人材に特化した会員制転職サイトビズリーチを創業。一五年、完全無料クラウド型採用サービス「スタンバイ」を開始した。

メジャー全球団のGMに手紙で懇願

田原　南さんは東北楽天ゴールデンイーグルス創設メンバーの一人だそうですね。もともとスポーツが好きだったのですか？

南　ええ。父親の転勤で幼稚園からカナダのトロントで育ったのですが、そこにはブルージェイズというメジャーリーグのチームがあって地元から愛されていました。僕自身は子どものころからサッカーをやっていて、大学進学のためにボストンに行ったときも続けていました。環境が変わってもやっていけたのは、心の支えとしてスポーツがあったからです。

田原　米のタフツ大学を卒業してモルガン・スタンレーに就職されたものの、四年でお辞めになって、スポーツビジネスの世界に飛び込んだ。これはどうして？

南　きっかけは日韓ワールドカップサッカーです。友達三〇人くらいで日本対ロシアを見にいったら、日本が見事に勝利しました。その瞬間がすごかったんです。みんな号泣して、知り合いだろうがなんだろうが構わず抱き合って喜びを表現した。僕の人生の中でこういう瞬間を何回味わえるのかと考えると、いてもたってもいられなくなり、何でもいいからスポーツにかかわる仕事をやりたいと思うようになりました。

田原　具体的には、どうしたの？

南　まずアメリカのメジャーリーグの全球団のGMに、雇ってくれと手紙を書きました。ニューヨーク・メッツから「会ってもいい」と連絡があり、さっそく一週間後、飛行機に乗って話をさせていただいたのですが、結局は採用に至りませんでした。

田原　それからどうしたのですか？

南　一〇カ月くらいスポーツビジネス界への転職活動をした後、覚悟を決めて会社を退職。渋谷に二坪のレンタルスペースを借りて、とにかくスポーツと名がつく仕事を何でもやっていくことにしました。

田原　たとえば、どのような仕事ですか？

南　テニスの国際大会の通訳をしたり、フットサル場の管理人をやって大学生から「一万五〇〇〇円です」と料金を集めたり。

田原　それじゃなかなか食べていけないでしょう？

南　ええ。困っていたときにまず助けてくれたのが、カルチュア・コンビニエンス・

クラブ（CCC）の増田宗昭社長でした。金融機関時代の元上司がCCCに転職したのがきっかけで増田さんと知り合い、「僕らはいろんな会社を買っていくから、手伝ってくれ」と。じつは増田さんは、三木谷浩史さんが楽天をつくったときの最初の投資家。そのご縁で三木谷さんをご紹介いただき、楽天の企業買収のお手伝いの仕事もいただくようになりました。

田原　そこで楽天との接点ができたのですね。そのとき楽天はまだプロ野球に参入していなかった？

南　はい、三木谷さんにお会いして一年半後くらいにニュースで知りました。僕がやりたかった仕事はまさにこれだと思って連絡したら、三木谷さんは「二〇分だけ話を聞く」と。最初の一〇分でいままで僕がスポーツビジネスの世界に飛び込もうとした経緯をお話しして、後半の一〇分で自分の理想の球団経営について プレゼンしました。すると、「明日から来てください」と。

田原　三木谷さんは南さんの何を評価したんでしょうね。

南　本人に聞いたことはないのですが、すべてを捨てていたことが大きかったのではないでしょうか。その志と行動力を買ってくれたのではないかと自分では考えています。

田原　楽天イーグルスでは、どんな仕事をされたのですか？

南　僕は三木谷さんに「ジョーカーをやれ」と言われていました。つまり、一番足りないところに、その都度ヘルプで入れと。ですからドラフト会議のテーブルにも座らせてもらったし、スタジアムでお客様をどう楽しませるのかという仕事もやりました。半年間で役割が目まぐるしく変わっていった印象ですね。

三〇歳で会社を辞め、世界を放浪

田原　当時、楽天は弱かったですよね。一年目はぶっちぎりのビリだった。チームが弱いのにどうやってお客さんを楽しませたんですか？

南　最初は勝てないことがわかっていたので、試合の結果に依存しないようなエンターテインメントにする必要がありました。具体的には、七回裏の攻撃前に全員で風船を飛ばして臨場感を味わってもらったり、愛嬌のある悪役のマスコットをつくって、彼に観客を楽しませてもらったり。スタジアム全体を一つのエンターテインメントにするというのが、僕たちの一年目の狙いでした。

田原　結局、楽天イーグルスには何年いらしたんですか。

南　三年です。二〇〇七年までいました。

田原　せっかく念願のスポーツビジネスにつけたのに、お辞めになった。

南　あるときインテリジェンス創業者でもあり、当時の球団社長の島田（亨）さんから呼び出されて、こうアドバイスされました。「三木谷さんはどこかのタイミングでおまえを球団社長にすることも考えていると思う。ただ、おまえはまだ三〇歳。一度外に出て、三木谷さんや僕が教えてきたものを試してみたほうが成長するんじゃないか」と。

田原　そうですか。でも普通なら、「おまえは、球団のために頑張れ」と言いますよね。島田さんはどうして逆のことを言ったのでしょう。

南　球団ビジネスは社会的なインパクトが大きいのですが、売り上げは八〇億円ぐらい。島田さんは、僕にもっと大きいビジネスをさせたかったのでしょう。具体的には「おまえがいま見えている世界がここだとしたら、俺たちは二つぐらい上のレイヤーでビジネスをやってる。ここまで登ってこい」と言われました。

田原　楽天球団を三年で辞めて、次は何をしましたか。

南　一年間ふらふらしていました。ＭＢＡにいく選択肢もあったのですが、いまの世界や自分が置かれている立場をじっくり見極めたいと思って、とりあえず一年間、世界中を旅行していました。

田原　それからどのような経緯で起業することになったのですか？

南　もともと起業するつもりはなく、どこかに転職して新しい事業を創造できたらいいなと考えていました。こういうときはヘッドハンターに相談するといいと聞いて、一カ月に二七人のヘッドハンターに会いました。でも、相談するうちにある疑問が浮かんだんです。みなさん親身になってアドバイスをくださるのですが、それぞれ紹介してくれる求人案件が違う。ということは、僕が本来持っている選択肢と可能性をぜんぶ見るまで、あと何人に会えばいいのかと。

田原　つまり、もし一〇〇人会えば一〇〇通りの求人案件があって、際限がないと。

南　もっと選択肢があるかもしれないのに、限られた中で選ぶことに抵抗を感じたのです。二七人のヘッドハンターと会うのにすでに四〇時間くらい使っていました。便利な世の中になったはずなのに、これじゃ不便で、なかなか会う人も増やせない。これは何とかしないと世の中のためにならないと思いました。

田原　それが起業のヒントになったわけですね。

南　はい。採用したい企業と求職者がうまくマッチングしないのは、お互いがすべての選択肢や可能性を見れない状態だから。そこを解消すれば、新しい事業として成立するんじゃないかと考えました。

「話を聞きたい」と米社長に直メール

田原　その問題をどうやって解決したのですか？

南　身近に楽天市場というういいお手本がありました。インターネットが普及する前は、売り手と買い手がいてもお互いの情報がわからず、問屋さんや小売店を通して流通させるしかありませんでしたよね。だから売りたい人は問屋さんの言いなりになっていたし、買いたい人はほかでもっと安く売っていても近所の店から買うしかなかった。これを変えたのが楽天市場やアマゾンです。売り手と買い手、お互いに情報開示をして可視化させれば、あとは市場原理に従ってもっとも効率的かつ効果的に取引できる。これと同じことを人材業界でやれば、流通革命ならぬ採用革命を起こせるんじゃないかと。

田原　アメリカにはそういうサービスはなかったの？

南　調べてみたら、すでにラダーズ・ドットコムとか、リンクトインといったサービスがありました。ラダーズ・ドットコムは当時で数百万の求職者が利用していて、数万社の企業が使っていました。さっそく社長のマークさんに「話を聞きたい」とメールをしたら、「いいよ」と返ってきました。メジャーリーグのときと同じで、すぐニューヨークに飛んで話を聞きました。

田原　南さんは身軽ですね。そのときは何かアドバイスをもらえたの？

南　求人のマッチングは結婚相談所ビジネスを参考にするといいと言われました。結婚相談所は、男性と女性の両方から料金を取ります。それは、お互いにお金を払っているからこそ真剣に相手とコミュニケーションを取るから。求人のマッチングも、そうしたほうが満足度は高いというのが彼のロジックでした。

田原　なるほど。日本の場合、求職する側は無料ですね。

南　ただ、それはインターネットの時代になってからです。紙媒体だったころは、企業が広告を出して、求職者も就職雑誌を買っていました。つまり日本ももともと求職者がお金を払って情報を得るモデルだったわけです。そのことを考えれば、求職者から有料の情報誌同様にお金を取るモデルにしたほうがむしろいい人が集まって、求人企業にとっても有意義なものになるかもしれない。そう考えて、会員制の転職サイト「ビズリーチ」を始めることにしました。

田原　ビズリーチは最初、何人でスタートしたのですか？

南　〇九年四月の創業で、七人です。僕ともう一人以外は全員ボランティアで、みんな手弁当で平日の夜や週末に集まってくれました。

田原　ボランティア？　給料もらえないのに、どうして集まってくれたんだろう。

南　まわりにベンチャーをやってみたいという友達はたくさんいたんです。ただみんな家族がいたり生活があったりして、既存の仕事を捨てて飛び込むというところまではできなかった。それなら、野球好きの人が週末に草野球をするように、一緒に草ベンチャーやろうぜ、というのが僕のセールスピッチでした。

田原　立ち上げ後は何をしましたか？

南　まず広報活動して求職者を集めました。企業の求人のほうは当初、ヘッドハンターさんのところに行って「案件をうちに掲載してもらえませんか」と一社一社お願いしました。自前で企業様に提案できるようになったのは三年後です。求職者が数万人になったので、「これだけ優秀な人たちが集まっているので、ぜひ直接、声をかけてみませんか」と企業様に営業をかけるようにしました。

田原　直接求職者に声をかけるってどういうことですか？

南　いままでは人材紹介会社にすべてを任せるのが一般的だったのですが、僕らは企業様に求職者のデータベースを見てもらって、直接スカウトするということもやってもらったのです。この採用方法をダイレクト・リクルーティングといいますが、それをできるようにしたことが僕たちの強みでした。

田原　いまはどれくらいの規模になりましたか？

南　一五年で六年になりますが、求職者は約四六万人で、企業については三三〇〇社以上に使っていただくまでのプラットフォームになりました。従業員も五一七人になりました。

人材業界のグーグルを目指す

田原　そんなに伸びていたら、他社も参入してくるでしょう？

南　じつはそうでもありません。既存の人材業界はいまだに収益率が高いので、儲かっているやり方を捨ててまでこっちにこないのです。いわゆるイノベーションのジレンマに陥っているのではないでしょうか。

田原　今後のことをお聞きします。今度また新しいサービスを始めたそうですね。

南　一五年五月から「スタンバイ」というクラウド型採用サービスを始めました。これを使うと、企業は無料で求人情報を作成、公開、管理できて、採用時の追加費用も一切かかりません。求職者も無料で利用できます。このサービスで、日本のすべての求人をインターネット上に可視化しようと思っています。

田原　ちょっと待って。企業からも求職者からもお金を取らないとなると、ビジネスにならないじゃない？

南　イメージしていただきたいのはGoogleです。Googleのサービスは無料で利用できるし、情報を検索結果に表示するときに企業からお金を取っているわけでもありません。では何で利益を得ているのかというと、広告です。「スタンバイ」も同じで、基本的に無料ですが、一定期間の中で大量に人を雇いたいなど特別なニーズがあるときは、追加で広告を買ってもらう。それが僕たちの収益になります。

田原　それはおもしろい。僕はリクルートの江副浩正さんと何度も会ったことがあります。江副さんが企業側から金を取って広告だけの雑誌をつくるという画期的なことをやったけど、南さんはさらに画期的なことをやろうとしている。今後が楽しみです。

「食べログ」の弁護士版をつくりました

弁護士ドットコム社長

元榮太一郎

一九七五年、米国イリノイ州エバンストン市生まれ。九四年、神奈川県立湘南高校卒業後、慶應義塾大学法学部に入学。九九年司法試験に合格。二〇〇一年アンダーソン・毛利法律事務所（現・アンダーソン・毛利・友常法律事務所）に入所。M&Aや金融など企業法務を担当する。〇五年、法律事務所を退所して起業に向け準備を始め、アタッカーズ・ビジネススクールに通う。同年、法律相談ポータルサイト弁護士ドットコムおよび弁護士法人法律事務所オーセンスを設立。〇六年、税務相談ポータルサイト「税理士ドットコム」開設。一四年、弁護士として日本初の東京証券取引所マザーズ市場上場を果たす。一六年、参議院議員選挙で初当選。

時代は「駆けつけ弁護」へ

田原　御社は二〇一四年一二月に上場したばかり。弁護士ドットコムは、どのようなサービスですか？

元榮　インターネット上で弁護士に無料で相談できるサイトです。いま登録している弁護士は八〇〇〇人超。回答は相談者から評価され、回答を投稿した早さや内容などをもとに、アルゴリズムを通してランキング表示されます。弁護士を探せる検索データベースにもなっていて、いろいろと条件を絞り込めば自分に合った弁護士を探せる。「食べログ」という口コミグルメサイトがありますが、その弁護士版をイメージしていただければわかりやすいかと思います。

田原　自分に合った弁護士ってどういうことですか。

元榮　離婚で悩んでいる女性がいるとします。自分が女性だから女性の弁護士がいいとか、年齢は四十代がいいとか、子連れで相談に行きたいから託児所があるところがいいというように自分が望む条件をチェックボックスに入れると、それらを満たした弁護士の情報が出てきます。

田原　弁護士はハードルが高いというイメージがあります。だから利用者からすると、気軽に弁護士を探せるサイトは便利だと思う。ただ、弁護士がわざわざこのサイトに登録する理由がわからない。弁護士って、仕事に困ってないでしょう？

元榮　もちろん困っている方ばかりではないのですが、司法制度改革が行われて、弁護士数は大幅に増えました。私が弁護士登録した〇一年は一万七〇〇〇人でしたが、一三年には三万五〇〇〇人になった。弁護士数が二倍になれば競争も二倍。一見さんお断りだった弁護士の世界にも、インターネットを通じてまだ見ぬユーザーとつながろうという意識が急速に広がってきているのです。

田原　なるほど。ネットで弁護士が探せるようになると、弁護士とのつきあい方も変わってきそうですね。

元榮　最近、興味深い事例がありました。一五年のお正月、歌舞伎町で起きた話です。あるグループが客引きに誘われて入った店で高額請求を受けました。払えないと拒んだら、屈強な店員が登場。いわゆるぼったくりバーです。しかし、お客のうちの一人が弁護士ドットコムを使ってその場で弁護士を見つけて連絡。すぐ駆けつけてくれて、妥当な料金で話をつけてくれたそうです。

田原　すごい話ですね。

元榮　僕は弁護士ドットコムが普及することで、訪問医療や訪問介護のように自宅に弁護士がうかがう「訪問弁護」が広がったらいいなと考えていました。だけど時代はもっと先を行っていて、現場にすぐ駆けつける「駆けつけ弁護」が事例として出てきた。弁護士という存在が、本当に身近になってきたのだと思っています。

田原　ところで、元榮さんというお名前は珍しいですね。どのへんに多いのですか。

元榮　父は奄美諸島の沖永良部島の生まれです。島には元榮一族が多くて、悪いことはできなかったらしいです（笑）。

田原　元榮さんも奄美の出身ですか？

元榮　いいえ、父は中学のときに親戚を頼って千葉県に移り住み、大手電機メーカーに就職。私は父の海外赴任先であるイリノイ州シカゴの郊外で生まれました。三歳で日本に戻り、神奈川県の藤沢で育ちました。

田原　それからはずっと日本ですか。

元榮　中学のとき父の赴任でドイツに行きました。でも、まだ若く未熟だったこともあって、日本の中学が楽しかったのに無理やり連れてこられたという、思春期ならではの被害者意識があった。向こうの生活を楽しむことができず、高校は

田原　一人で日本に戻って進学。いろいろアルバイトをして暮らしていました。

元榮　高校生ができるアルバイトは限られているでしょう？

田原　いろいろやりましたよ。新聞配達とか、コンビニのバイトとか。一番長く続いたのはカラオケスナックです。時給九〇〇円で高校生としては高めだったし、勤務時間もサッカー部の部活が終わってからちょうどよかったんです。

元榮　サッカーは、うまかったの？

田原　県立の強豪校でレギュラーでした。でも、大学ではダメでしたね。体育会のサッカー部に入ったのですが、つねに三軍。三軍でも八〇人くらいいて、合宿にも連れて行ってもらえない。早々に挫折しました。

エリート事務所を辞めた理由

元榮　弁護士になることを志したきっかけは何だったのですか？

田原　大学二年のときに事故を起こしたんです。家から駅までバスで二〇分かかるので中古車を買ったのですが、納車二週間で、縦列駐車から車道に出ようとしたときに後ろから来た車とぶつかった。ぶつかったのは僕の車が右側のバンパーで、むこうは左側ドア。常識的に考えると僕のほうが悪い。だからむこうの交渉担当の方から、修理代金五〇万円を全額払えと言われました。

田原　保険には入ってなかったの？

元榮　ローンを組んで購入したので、年間数万円の任意保険料の負担に躊躇していたんです。その矢先に事故を起こしてしまいました。

田原　それで、全額払ったの？

元榮　いえ、母から「こういうときはまず弁護士さんに相談しなさい」と教えられ、まず弁護士会の法律相談に行きました。すると、「そのケースだと三〇％は相手の前方不注意。そう相手方に伝えてみなさい」とアドバイスを受けました。その通りにしたら、あっさり七〇対三〇で解決。このときに、困っている人の役に立てる弁護士の仕事はすごいなと。司法試験は一回目を失敗したけど、二度目で合格。弁護士資格を取って、日本有数の法律事務所であるアンダーソン・毛利法律事務所にお入りになった。

田原　このときは、もう起業を考えていたのですか？

元榮　起業を考えたのは、楽天の某ネット証券会社を買収する案件を担当した経験をしてからです。上場直後の楽天の人たちはアグレッシブで、自分たちが時代をつくっていくのだという気概に満ち溢れていました。社長の三木谷浩史さんのことも調べて、起業家という人生があるのかと衝撃を受けました。

田原　どういうところに？

元榮　ベンチャーって可能性が無限大ですよね。それに、一〇を一〇〇や一〇〇〇にするより、ゼロから一をつくるほうがおもしろそうで、血沸き肉躍るような感覚が得られるんじゃないかと。もともと高校のときに一人で日本に戻ってきたり、夜の世界のバイトに飛び込んだり、卒業して退路を断ってから司法試験を受験したりと、挑戦する生き方に惹かれる性格なのかもしれません。

ビジネス書を買ってデニーズへ

田原　弁護士ドットコムを立ち上げたのはいつですか。

元榮　〇五年です。弁護士とネットを組み合わせるというアイデアはあったものの、事業のことはアンダーソン・毛利を退職するまで何も考えていませんでした。何から始めていいのかわからないので、インターネットビジネスや経営の本を買い込んで、渋谷の南平台にあるファミリーレストランのデニーズへ。それが

田原　退職翌日にやったことです。

元榮　そこからどうしました？

まず仲間探しです。大学の後輩などに声をかけて、四人で起業しました。それから大前研一さんの起業塾に参加。事業計画コンテストでトップを取り、大前さんにも「専門家とネットでつながるサービスは、これからの時代に絶対必要」と激励をいただきました。

田原　ただ、最初は壁があってうまくいかなかったと聞きました。どこが難しかったのですか？

元榮　弁護士法の七二条です。弁護士法では、報酬目的で弁護士を斡旋することを禁じています。

田原　つまり弁護士と利用者をマッチングさせて紹介料を取ることはできない。

元榮　そうです。そのことはサービスを始める前からわかっていたので、とりあえず無料で始めました。それでも弁護士ドットコムが社会から必要とされてユーザーが増えてくれれば、いつか何らかの形で収益化できるはず。実際、当時人気があったグリーやミクシィも最初はそうだった。そう考えてサービスを続けました。

田原　だけど、収益ゼロでどうやって生活するんですか？

元榮　法律事務所をつくりました。弁護士ドットコムは長期的視点で育てていけばいい。そのぶん弁護士として求められている仕事で経営基盤をつくろうというわけです。

起業したものの、四年間売り上げなし

田原　ドットコムの経営には、どのくらいお金が必要でしたか。

元榮　状況によって違いますが、だいたい月間一〇〇〇万円強くらいはお金を使っていました。

田原　それを法律事務所の稼ぎでまかなったのですね。売り上げを生みだしたのはいつごろですか。

元榮　弁護士ドットコムにはいま、四つの収益モデルがあります。一つ目は有料会員のユーザーさんから月額三〇〇円いただいている会員料。サービスは無料で使えますが、モバイル端末から過去の法律相談データベースを閲覧するには有料会員登録が必要になります。これが安定的な収入をもたらした最初の収益モデ

ル。始めたのが〇九年一二月ですから、サービス開始から四年間は苦しんでいたということになります。

田原　他の収益モデルは？

元榮　次が広告収入です。最初は月数十万アクセスだったので広告では稼げなかったのですが、一二年に月間サイト訪問者数が一〇〇万人を突破し、二つ目の柱として育ってきました。そして、三つ目が弁護士さんからいただく広告料です。先ほど言ったように、法律で紹介料はいただけないことになっています。しかし広告は解禁されているので問題ありません。このサービスを一三年に始めました。これら弁護士ドットコムのサービスとは別に、〇六年から税理士ドットコムというサイトも運営。弁護士ドットコムとほぼ同じ仕組みですが、そちらは紹介手数料で収益を挙げています。

田原　税理士の場合には弁護士法七二条が適用されないから、報酬が取れるわけだ。これらを合わせると、いま年間の売り上げはどれくらい？

元榮　一五年三月期の業績は、売り上げ六・九億円、営業利益一・五七億円で、前期比二・三七倍の増収です。いろいろ先行投資してきましたが、固定費の伸びが緩やかになってきたところで売り上げが伸びてきたので、来期は、売り上げ一〇・八億円、営業利益二・八三億円という業績予想。順調な成長ができると考えています。

医師、獣医……横展開を目指す

田原　いまもドットコムと並行して法律事務所をやっていますね。規模はどれくらいですか?

元榮　いまは弁護士二九人、スタッフ一一五人です。弁護士数では全国で一万四〇〇〇ある事務所のうち四四位です。

田原　大きいですね。でも、ドットコムのほうが軌道に乗ったいま、法律事務所の役目は終わったともいえる。まだ閉めないのですか?

元榮　閉めることはまったく考えていません。むしろ、さらなる成長のためにも法律事務所の存在は不可欠です。というのも、弁護士ドットコムで弁護士を身近な存在にしていくためには、私自身が弁護士界の最前線にいることがとても大事です。自分が法律事務所の経営者弁護士という一人のプレーヤーとして頑張り続けることで、いま弁護士に求められるものも見えてくると思います。

田原　なるほど。ドットコムのほうですが、今後の可能性はどうですか。最初に日本は司法改革で弁護士が増えたという話がありましたが、いまそれを見直す動きがある。

元榮　ロースクールの再編問題も含めて、いままで取り組んできたことの検証は必要でしょう。ただ、一九九〇年代前半の司法試験合格者が五〇〇人だった時代に戻ることはないと思います。フランスは弁護士一人に対して人口一五〇〇人ですが、日本は四五〇〇人。まだ三倍の開きがある。適宜、適切な見直しや修正をしつつも、弁護士を健全なペースで増やして司法のインフラを整えていくという大きな流れは変えるべきではないというのが現在の考えです。

田原　日本の法律サービス市場はまだ伸びるということですね。海外展開は考えていますか？

元榮　日本はアジアにおけるリーガル先進国。日本で弁護士とユーザーがつながる場所をしっかりと確立できれば、これから経済発展が進んでさまざまな法的問題が出てくるアジア諸国にも輸出していけると考えています。その他、弁護士以外の専門家にも広げたいですね。

田原　というと？

元榮　たとえば医師や歯科医師、臨床心理士、獣医の検索データベースがあったら便利だと思いませんか。専門家はインターネットの世界に出ることに積極的ではない傾向もままあるのですが、一方で専門的なサービスを求める人たちはネット上に確実にいます。弁護士ドットコムのモデルを横展開して、そうした人たちをつなぐことができたら、より世の中が便利になると確信しています。

田原　いいですね。医師を紹介するサービスなどは、すでにあってもよさそうなものだけど。

元榮　医療は医師法や医薬品医療機器等法の規制もあって、簡単にはできないのです。やるにはきめ細かいサイト設計が必要で、その点でいえば弁護士法をクリアした弁護士ドットコムはノウハウに優位性があると思います。

田原　わかりました。今後の展開、注目しています。

月八〇〇円で税理士のかわりになります

マネーフォワード社長

辻庸介

一九七六年、大阪府生まれ。九六年、京都大学農学部へ入学。大学の先輩が始めた進学塾のベンチャー企業に携わる。二〇〇一年、半年の米MBA留学を経て、ソニーへ入社。経理部に配属され、AIBO（アイボ）などの部門経理を担当。〇四年マネックス証券のCEO室に出向（のちに転籍）。〇九年、社内留学第一号として、ペンシルベニア大学ウォートン校にMBA留学。アメリカ人以外で唯一のクラス代表を務める。一一年、帰国後COO補佐、マーケティング部長を経て、マネーフォワードを設立。一四年、ケネディ米大使より「将来を担う起業家」として、米国大使館賞受賞。一五年には、住信SBIネット銀行・静岡銀行と業務提携を発表した。

テクノロジーでお金の悩みを解決

田原　御社は日本を代表するフィンテック企業の一つだと聞きました。最初にこの質問で申し訳ないですが、フィンテックっていったい何ですか？

辻　一般的には、ファイナンスとテクノロジーが一緒になったものだと言われています。私なりの言い方で言うと、テクノロジーで金融におけるユーザーの行動を変える、あるいはテクノロジーでユーザーを便利にするサービスをつくることがフィンテックだと思っています。

田原　ごめんなさい、まだよくわからない。具体的に聞きましょう。辻さんのところがやっているマネーフォワードは、フィンテックのサービス？

辻　そうです。みなさん、自分の財産は銀行や証券、保険、不動産などいろんなところに散らばっていますよね。それから、銀行から光熱費を引き落としたりカードで買い物したりして、いろいろとお金も使う。マネーフォワードを利用すると、それらの情報を自動で一元管理できます。

田原　全自動家計簿みたいなものですか。

辻　はい。家計簿をつけていた人はこれまで自分で一枚一枚レシートを見て、家計簿やエクセルで計算しなくてはいけませんでした。一方、マネーフォワードは自動で出入金履歴などの情報を取ってきて、これは食費、こっちは光熱費というように人工知能で勝手に仕分けしてくれます。

田原　なるほど。たしかに家計簿をつけていた人は楽になるかもしれません。ただ、僕のようにそもそも面倒くさくて家計簿をつけていない人は、「多少、便利になっても」という感じがする。そういう人にも何かメリットはありますか？

辻　節約しやすくなります。一時、自分の食べたものを記録すると痩せるというレコーディングダイエットが流行ったことがありました。あれと同じで、マネーフォワードを使うと、いま自分がいくら持ち、いくら使ったかという情報を見える化することで、行動が変わり、節約が進みます。実際、当社のプレミアム会員の方はマネーフォワードを使う前後で約二万円を節約できたというデータもあります。

田原　家計が見えればムダもわかって、ここを削ろうと思えるわけですね。

辻　私たちが本当にやりたいのは、ユーザーさんのお金の悩みを解決すること。ですから、将来のためどう資産運用すればいいのかということも解決していきます。ただ、未来をよりよくしていくには、まず過去と現在を知らなくてはいけません。それがマネーフォワードで簡単にできるようになったということです。

田原　未来を改善するサービスというのも、もうやっているのですか?

辻　生保の営業がよくやるライフタイムシミュレーションを、いまマネーフォワードでもやろうとしています。たとえば子どもが何歳で生まれ、住宅を何歳で買いたいといった情報を入力すれば、そのプランの必要額を算出して、ここは資産運用しよう、この部分は節約しようと教えてくれます。

経理処理の時間を半分に短縮

田原　なるほど。最初の質問に戻りますが、そういうふうに家計の問題をITで解決するのがフィンテックなんですか。

辻　フィンテックはもっと広い概念です。たとえばアップルやLINEがモバイル決済サービスに進出していますが、あれもフィンテックの一部といえます。私たちは、フィンテックの中でお金の情報に関する部分を担っているという位置づけです。

田原　いまマネーフォワードの会員は何人くらいですか。

辻　約三〇〇万人です。

田原　これから法人もやっていく？

辻　もう始めていて、法人は企業プラス個人事業主で、いま約四七万ユーザーです。

田原　じつは今日は法人の話も聞きたかった。僕は田原事務所という法人をやっています。月に一回、税理士さんが来てくれて、個人と事務所の両方の経理の事務をやってくれる。もしこれを辻さんのところでお願いすると、僕にどういうメリットがありますか。

辻　まず安くできます。うちの仕組みだと、個人は月八〇〇円、中小企業は一八〇〇円です。

田原　それは安い。税理士さんにお願いするのと桁が二つ違う。でも、そんなに安いと儲からないのでは？

辻　儲かりません。ただ、企業の場合は会計と連携して給与とか請求書、それにいまならマイナンバーのサービスを一緒に入れてくれたりします。そちらのほうでもお金をいただいているので。

田原　安いこと以外に、何かいいことありますか？

辻　田原さんは税理士先生に丸投げされていると思いますが、私たちのサービスを使うと、丸投げされた側の経理処理時間が半分くらいになります。税理士先生は、おそらくいままで田原さんから領収書などをもらって手打ちで入力し、書類をつくっていたはず。それらが自動化されるので、圧倒的に経理処理の効率がよくなります。

テクノロジーで明確になる税理士の役割

田原　ちょっと待って。辻さんのところのサービスを入れると、そもそも税理士さんに頼まなくてよくなるんじゃないの？

辻　経理の数字を出すだけなら、うちの仕組みですべてできます。ただ、中小企業の社長さんはただ数字を出すだけでなく、出てきた数字をどのように見て、どう改善すればいいのかということも知りたいわけです。多くの会計事務所はコンサルタントとしての役割も果たしていますから、そこは役割分担が可能です。

田原　つまり競合ではない？

辻　私たちは会計事務所さんにも営業しています。うちの仕組みを使えば経理処理が楽にできて、そのぶんコンサルティングができますよと。いまちょうど、税理士先生がクライアントの企業に説明しやすくなるようなサービスもつくっています。

ビジネスの師匠はマネックス松本大

田原　辻さんご自身の話も聞かせてください。辻さんは文系なのかと思いきや、京大の農学部の出身ですね。

辻　生物と経済の両方が好きで進学時に迷ったのですが、高校の先生から「理系から文系にはいつでも行けるから、とりあえず理系に行けば」とアドバイスをいただいて、農学部に進みました。でも、やってみて自分に研究者は向いてないとわかりました。理系は研究の成果が出るまでに時間がかかります。成果が出るのが一〇年に一回だとすると、人生三〇年働いたとしてチャンスは三回。それはさすがに嫌だなと。あと、大学の先輩が立ち上げた進学塾を手伝っていたのですが、それがおもしろくて、ビジネスもおもしろいなという思いもあった。それで大学を休学して、アメリカにＭＢＡの勉強をしに行きました。

田原　どうしてアメリカに？

辻　文系就職することを決めましたが、そのままではおそらくどこも雇ってくれません。就活する前に何か武器を身につけたいと考え、英語とビジネスを両方勉強できるMBAの半年コースに留学しました。

田原　帰国後、ソニーに入社される。二〇〇一年ですから、社長は出井伸之さんのころですか。

辻　はい、ソニーがすごく調子がよくて、出井さんも目立っていて、かっこよかった。私自身、グローバルに活躍したいという憧れもあって、ソニーにいくことに決めました。

田原　ところが、ソニーからマネックス証券に出向される。どういう経緯だったのでしょう？

辻　新しいネットサービスをつくりたいと思って入社したのですが、配属されたのが経理部門だったのです。配属された以上一生懸命やっていましたが、やっぱり管理部門より事業をやりたいという思いがありました。そんなときにちょうど、ソニーがマネックス証券に出資している関係で、社内でマネックス証券CEO室の募集がありました。それを見て、よしこれだと。

田原　公募に、よく受かりましたね。僕はマネックスの松本大さんに何度もお会いしていますが、松本さんはあなたのどこを気に入ったんだろう？

辻　理由はよくわかりません。本当はソニーとのパイプ役として、部長クラスの人を採用したいと考えていたそうです。

田原　マネックス証券では、どのようなことを学びましたか。

辻　ビジネスパーソンに必要な土台は、すべてマネックスでつくらせてもらったようなものです。ビジネスはどうやって回るのか。新しい仕組みをつくるのに、必要なお金や人はどう集めるのか。松本さんの下で働いているうちに、そういったことがだんだんとわかってきました。

毎日泣いていたアメリカ留学時代

田原　マネックス在職中に、今度はペンシルベニア大学のウォートン校に留学します。これはなぜ？

辻　マネックス証券は日興ビーンズ証券と合併して、いったんマネックスビーンズ証券になりました。ただ、名前が長いので、ビーンズを削ってマネックス証券に改称しました。このとき、名前が消える代わりに魂を残そうという話になって、社内にビーンズスカラーシップという留学制度が創設されました。その第一号で、ウォートン校に行かせてもらえることになったのです。ウォートン校は日本であまり知られていませんが、ゼロックスの小林陽太郎さんや、ゴールドマン・サックスの持田昌典さんも輩出しているアメリカ最古のビジネススクールです。

田原　留学は二度目でしたが、いかがでしたか？

辻　自ら望んで留学したのですが、人生でもっともつらい二年間だったかもしれません。とにかく苦労したのが英語です。日常会話は何とかなるのですが、授業でディスカッションするとなると、言いたいことが何も言えません。議論に参加できなければチームに貢献できず、存在価値も認めてもらえない。英語はツールにすぎませんが、そのツールを使えない自分が本当に情けなくて、毎日泣いていました。

田原　でも、辻さんはクラス代表に選ばれることになった。これはどういうことですか？

辻　いまだに謎です（笑）。あえて理由を探すなら、アメリカ人はチャレンジしている人を応援するからじゃないでしょうか。僕は英語が下手でしたが、少し慣れ始めると下手なりにどんどん意見を言ったり、できないことに挑戦したりしていました。自爆ばっかりでしたが、そういうところを評価してくれたのかも。アメリカは、懐が深いです。

田原　帰国後、マネーフォワードの原型のようなサービスをマネックスでやろうとしたそうですね。どんなものだったのか、説明していただけますか。

辻　簡単に言うと、フェイスブックのお金版です。人が株を売買して儲けたとか、住宅ローンを借り換えて得をしたというような情報をソーシャル上でオープンにして、みんなでシェアするサービスですね。そうした情報を共有できると、自分より上手に資産運用している人の株の売買履歴を見たりして、自分も参考にできます。

田原　株の売買までわかると、プライバシーがバレませんか？

辻　そうなんです。だから失敗しました（笑）。匿名のサービスでしたが、情報をオープンにしていると、やはり不安だったみたいです。その失敗を活かして、マネーフォワードは自分しか見られないクローズドのサービスに変えました。

田原　クローズドの新サービスはマネックスの新事業ではなく、独立してやられまし

辻　たね。どうして社内でやらなかったのですか。

田原　私が新しいサービスを提案したのはリーマン・ショック後で、マネックスの業績が厳しい時期だったのです。会社として新規投資するタイミングではなかったし、私も当時は営業の責任者で、新規事業をやる余裕を持てませんでした。それで最終的に、会社を出てやりますと。

辻　立ち上げの資金は、どうされたのですか？

田原　初めは自己資金です。自己資金だけでは続かないのですが、ありがたいことに松本さんが出資してくださって、一年間くらいは事業を続けていく余裕ができました。余裕ができたといっても、私たちはほぼ無給、オフィスも高田馬場のワンルームでしたが。

銀行との違いはエンジニアの質

辻　うまく回り始めたのは、いつごろでしょう。

田原　一年後くらいには、ユーザーが一一〇万〜一二〇万人まで増えてました。じつはスマートフォンでお金のアプリを出したのは私たちが最初。スマートフォンが伸びた波にうまく乗れたのはラッキーでした。法人向けのほうも、クラウド化の波に乗れた。ユーザーが増えるにつれて資金調達もしやすくなって、現時点では約三八億円の資本金を集めるところまできています。

田原　マネーフォワードのライバルはどこですか。銀行とか証券会社は競合になるサービスをつくりそうだけど。

辻　じつは銀行は昔から似たようなサービスをやっていました。ただ、銀行さんがやっても、みなさん信用しなかったんですよね。銀行は、金融商品を自分で販売しています。だからユーザーは資産状況を把握されると、何か売りつけられるんじゃないかと不安になってしまう。

田原　最近はあまりないけど、たしかに以前は僕のところにも銀行の人がやってきて不動産をすすめられました。辻さんのところだと、そういう心配はないと。

辻　僕らはモノを売らないので、完全に中立的な立場です。あと、銀行さんのつくったツールは、ユーザー目線に欠けていて使いづらいところもあった。そこも私たちのサービスとは差があると思います。

田原　どうして銀行が便利なツールをつくれなくて、辻さんのところがつくれるのですか？

辻　いまは優秀なエンジニアチームがユーザーの意見を聞きながらツールを絶えず進化させていく時代ですから、人の差が大きいのではないでしょうか。うちはいま従業員一〇〇人超ですが、半分がエンジニアやクリエイターで、彼らはひたすらサービスをつくっています。そういった体制を銀行さんがつくるのは難しいので、最近は私たちと提携してツールの提供を受けるという流れになっています。

田原　ツールをつくるライバルはいないのですか?

辻　いくつかあります。ただ、まだライバルという感じではないです。このサービスをやるうえでもっとも重要なのはセキュリティ。そこをきちんとつくれるのかというところが大きいので。

スマホでお金の悩みをすべて解決

田原　今後、海外展開は考えていらっしゃいますか。

辻　いまはまず国内で、個人向けと中小企業向け両方でナンバーワンを取ろうという段階です。目標は個人向け一〇〇〇万ユーザー、中小企業向け三〇〇万ユーザー。そこまで行ったら、次はアジアかなと。すでに並行して、香港、シンガポール、インドネシアあたりは調査を始めています。できれば一六年度中に具体的なアクションを起こせればいいなと考えています。

田原　最後にマネーフォワードの将来像を聞かせてください。

辻　私たちはスマートフォンでお金の悩みをすべて解決できるサービスをつくりたいと考えています。別の言い方をすれば、ユーザーサイドに立ったコンサルタント。マネーフォワードとつきあえば、お金についての心配は何もいらなくなるという世界をつくっていきたいです。

人工知能がお金のコンサル

田原　法人向けは、税理士さんがその役割をするとおっしゃってましたね。個人向けは、辻さんのところがコンサルをやるわけですか。

辻　いま「お金のコンサル団」というサービスをやっています。著名なＦＰや会計士の方々に質問に回答してもらうというサービスです。いずれはこれを人工知能化して、簡単なものは人工知能が答え、まだ難しいものやパーソナルなものは人が答えるといった形にできたらいいなと。

田原　今日はお話を聞いて、フィンテックの片鱗がようやくわかったという印象です。
また今度、じっくり聞かせてください。

解説

ゼロから儲ける仕組みをつくる

マネーフォワード　辻庸介

事業を展開・拡大するうえで大切なことは二つです。「ユーザーの課題やペインポイントを解消する価値あるサービスを提供すること」。もう一つが「継続的に価値を提供する為のビジネスモデルの構築」です。ビジネスを確立するにはこの両輪が必要ですが、まず考えるべきは「ユーザーへの提供価値」ではないでしょうか。

ビジネスモデル、つまり誰からどのようにお金をいただくのかの方法論は、過去にさまざまなものが発明、実践されています。ユーザーにとって不可欠な価値の高いサービスがあれば、あとは先行事例を参考にして収益化を目指せばいいと考えています。

マネーフォワードも、「こんなサービスがあれば世の中のためになる」という発想が出発点でした。ビジネスモデルを考えたのは、会社を立ち上げてからです。

具体的に言うと、個人向けの「マネーフォワード」はフリーミアム（無料でユーザーを獲得し、一部機能に課金）です。利用者が増えてから、さらに広告モデルを導入しました。またアプリを金融機関向けにカスタマイズして提供するBtoBtoCのモデルも展開しています。一方、法人向けの「ＭＦクラウド会計」は、一定期間の試用後に有料になるフリートライアルモデル。

事業を成長させる2つの歯車

①ユーザーへの新しい価値の提供

・新しいサービスを導入することでユーザーにどんなメリットがあり、いくらの価値があるのかを算出する。
・その額よりもお得感があるポイントに価格を設定する。

②収益を生み出すビジネスモデル

・ビジネスモデルの先行事例を、過去の書籍や企業のIR情報などで探す。
・個人向けサービスの場合にはユーザー数の推移、課金のタイミングを検証することが最優先。

法人は個人のお客様と支出の感覚が異なるので、フリーミアムではなくフリートライアルを採用しました。

最適なビジネスモデルを見極めるために、私は本を読んだり、成長中の会社のIRなどを読んで勉強しました。早稲田大学ビジネススクールの根来龍之先生の『プラットフォームビジネス最前線』（翔泳社）はとても参考になりました。

もちろん過去から学ぶだけでなく、ビジネスモデルをゼロイチで考え出すアプローチも非常に重要です。実際、グーグルは「アドセンス」という収益モデルを発明して一気に成長しました。先行事例を参考にするにせよ、自分たちでつくるにせよ、ユーザーに価値あるサービスをつくることが優先です。

第五章

なんで、会社辞めちゃったの？

会社がケイタイから撤退しちゃったんです

UPQ社長

中澤優子

一九八四年、東京都生まれ。両親ともに教師の家庭に育つ。二〇〇三年、中央大学経済学部へ入学。携帯電話メーカーに絞って就職活動をし、大学卒業後はカシオ計算機に入社。携帯電話・スマートフォンの商品企画に従事。ソフトバンクのカシオ一号機を担当。一二年、カシオの携帯電話事業からの撤退を機に、同社を退職。一三年、退職金を使い、秋葉原にカフェ「CAFE by PREGO」を開業。一四年、au未来研究所が主催したハッカソン（技術開発イベント）に参加し、次世代弁当箱「X Ben（エックスベン）」を企画。経済産業省フロンティアメイカーズ育成事業に採択される。一五年UPQを創業。製造した二四製品がビックカメラ・ヤマダ電機・蔦屋家電などで販売。

私ならもっと売れる携帯をつくれる！

田原　中澤さんは家電をおつくりになっているからエンジニアなのかと思ったら、文系のご出身ですね。中央大学の経済学部を出られた。

中澤　国語と数学と英語で受けられる私立が中央大学しかなかったんですよ。経済学部もこだわりがあったわけではなく、経済なら何でもできるかなという安易な考えでした。

田原　中澤さんは二年生のときから会社訪問をしていたそうですね。どうして通常よりも一年も前に就職活動を始めたの？

中澤　各業界の構造を自分の肌で確かめたかったし、文系の私が入社したときにどんな仕事が待っているのかということも知りたかったんです。業界地図みたいな本を買って、各業界の一位、二位、三位の会社、それからランキング外だけどおもしろいことをやっている会社、ぜんぶで一三〇社近く回りました。

田原　どこがおもしろそうだった？

中澤　経営者が直接話をしてくれる会社が印象に残りました。キヤノンの御手洗冨士夫さんとか、セブン－イレブンの伊藤雅俊さんとか。あと、カシオ計算機の樫尾和雄社長も話をしてくださいました。

田原　結局、カシオに入社される。会社訪問の印象が強かった？

中澤　そうですね。それと、三年生のときには携帯電話をつくりたいという思いが固まっていました。受けたのも、シャープさんやソニーさん、パナソニックさん、NECさん、日立製作所さんなど携帯電話メーカーばかり。最後に受けたのがカシオでした。

田原　どうして携帯電話なの？

中澤　私は極度の機械オンチ。でも、携帯電話は唯一、私にとって機械じゃなかったんです。初めて携帯を持ったのは中一のころ。最初は電話だけでしたが、そのうちメールや絵文字を頻繁に友達とやりとりするようになりました。携帯電話を使いこなすことがとっても楽しかった。学生になっても、バイト先は携帯ショップでした。

田原　働いてみて、どうでした？

中澤　携帯は一年に約三〇〇機種出ますが、売れるものは一部。私から見ても、どうしてこんなダサいのをつくってるんだろうと疑問に思う機種も多かった。「私

田原　ならもっと売れるのをつくるのに」と思ってました。

中澤　カシオ以外のメーカーは選ばなかったのですか。

田原　私は文系なので、「携帯電話をつくりたい」と伝えても、「うちに入っても営業だよ。キミ、白物家電を売れるの？」と言われてしまって。唯一、「おもしろそうだ」と言ってくださったのがカシオでした。

孫正義の頭を光らせて採用決定

中澤　念願が叶ってカシオに入社。実際に入ってみて、いかがでした？

田原　私は就職氷河期の後の入社です。職場には氷河期世代の人がいなくて、近い先輩でも一二～一三歳上でした。私は携帯が好きなだけで入社したので、ものづくりの知識はゼロです。でも、質問すると、オジサンたちが目をキラキラさせて、ものづくりの楽しさを教えてくれた。そこで学んだものは大きかったですね。

中澤　具体的に、どんな商品を企画したのですか。

田原　最初に手掛けたのは、カシオがソフトバンクに初参入するときの一号機でした。

田原　ソフトバンクって、孫正義さんがプレゼンのときから全部の機種をチェックするんですよ。ただ、孫さんは時間がないから一分で魅力を伝えないといけませんでした。私が企画した機種はカメラに特徴があったのですが、どう伝えようか、かなり迷いました。

中澤　結局、どうプレゼンしたの？

田原　「この機種は、孫さんの顔がイケメンに撮れます」って言いました。実際、その場で撮ったら、孫さんの頭がピカッと光っていて、みんな大爆笑。孫さんが「俺の頭を光らせた」と喜んでくれ、参入が決まりました(笑)。

中澤　うまいこと言うね。

田原　ショップでバイトしていた経験が活きたのかもしれません。店頭でも、機種の特徴を一言で説明しないと売れません。あれこれ説明する時間はないし、お客さんも細かい説明を求めていない。プレゼンも同じだと思います。

携帯事業撤退で迫られた選択

田原　カシオには何年いらしたんですか。

中澤　五年です。カシオはNECと日立と合弁会社をつくっていました。しかし携帯が売れなくなり、国内外で採用がなくなり、新機種を出せない状況が続きました。それでリストラが始まって、私も自分で辞めるか、別の部署に行くか、NECさんに移るかという選択を迫られました。

田原　どうして携帯が売れなくなったんだろう。

中澤　スペック競争に入ってしまったからでしょう。ユーザーにとって、〇・一ミリ薄いかどうかはどうでもいいこと。でも、その違いで採用されたりするので、本来は求められていない機能まで追加するようになってしまいました。機能を追加すれば開発費がかかって価格も上がります。誰も買わなくなるのも当然です。

田原　中澤さんはカシオを辞めて、カフェをおつくりになった。ずいぶん唐突な気がするけど。

中澤　携帯電話の商品企画もそうなんですが、私は何かお題があって知恵を絞るということが好きなんです。でも、機械オンチだから、電気製品はつくれない。自分一人でできるのは料理と空間かなと思って秋葉原でお店を始めました。

田原　メーンはパンケーキだそうですね。パンケーキがお好きなの？

中澤　いえ、じつは嫌いです。私、生クリームが苦手で（笑）。

田原　なぜパンケーキを？

中澤　理由は二つあります。まずカシオで「自分が好きなものは誰でもつくれる。ユーザーが欲しいものを考えられたら商品企画として一人前」と教えられたから。それに、そもそもお店を始めたのは、カシオでリストラにあった先輩たちが一息つける場所をつくりたかったからということも大きい。私にものづくりの楽しさを教えてくれたオジサンたちの中には、ハローワークに行っても仕事がなく、奥さんに逃げられて自殺を考えた人もいます。夜にお酒が入ると愚痴っぽくなるので、明るいうちに甘いものを食べて、みんなにハハッと笑ってもらえたらいいなと。

田原　開店するまでにどれくらいかかったんですか？

中澤　一カ月です。普通は三カ月かけるそうですが、私は三カ月も何もしないで過ごすことができないタイプなので。

田原　カフェの経営はうまくいったのですか。

中澤　はい。おかげさまでいまもやっています。秋葉系のオタクちゃんから、すごくオシャレなオネエサン、おじいちゃん、おばあちゃんまでいろんな人が来てくれて、私にとっていいインプットの場になっています。なので、カフェはカフェで続けていくつもりです。

ハッカソン参加でものづくりの世界へ

田原　その後ものづくりの世界に戻ってきた。経緯を教えてください。

中澤　カフェの経営が夢だったわけではないので、次のステップについてはずっと考えていました。そのときにお店の常連さんから誘っていただいたのが、ａｕ未来研究所が開催するハッカソンです。

田原　ハッカソンって何ですか？

中澤　電子工作のイベントです。アイデアを持った人や技術を持った人が集まって、おもしろいと思うモノを二週間くらいかけてつくります。私たちは電気の通ったお弁当箱をつくりました。食べている人がつまらなそうだったらお弁当箱が青く光ったり、震えたりするんです。

田原　ハッカソンというイベントで製品化までやるわけですか。

中澤　ハッカソンでつくるのは、あくまでもプロトタイプです。ただ、それで終わらせるのはもったいないので、商品化を視野に入れて経済産業省の「フロンティアメイカーズ育成事業」というプロジェクトに応募し、採用されました。プロジェクトは二〇一五年の四月に終わりましたが、六月に入って、プロジェクトの指導員だった家電ベンチャーCerevoの岩佐琢磨さんが、「もうものづくりはやらないの？」と声をかけてくださった。それで「じつは携帯電話をつくりたいんです」と答えたら、「じゃあ、工場を探しにいこう」といきなり中国に連れていかれました。

田原　ということは、そのときはもう家電ベンチャーをやろうと思っていたわけね。じつは今日一番聞きたいのはそこです。最近の若い人はネットで起業しますね。ネットだとお金がかからず、参入障壁が低いからです。一方、家電は部品や工場、倉庫を用意しなくちゃいけない。何も持っていない人には厳しいと思いますが、中澤さんはどうして自分ならできると思ったの？

中澤　カシオのときもODMでやっていたので、自社で工場を持ってつくっていたわけではありません。ODMのスキームを使えば、私でも何とかなるかなと。

田原　なるほど。それで工場を探すところから始めたと。それまで準備はしていなかったのですか？

中澤　はい。スマホの設計図も飛行機の中で描きました（笑）。

田原　中国はどうでした？

中澤　一緒に行った岩佐さんは、中国に着いたら「僕はここまで。あとは頑張って」とどっかに行っちゃいました。一応、日本から一件だけアポを取っていったのですが、「駅で〇時に」と約束しただけで、先方の電話番号もわからない状態。工場の人と会えて車に乗せてもらったものの、山道を三時間走っても到着しませんでした。正直、怖かったです。

田原　結局、工場は見つかったの？

中澤　はい、深圳の工場です。カシオ時代に携帯の工場を見ていたので、一目見てここは品質が高いとわかりました。詳しく話をして、その場で仕様も決めて発注しました。

田原　サンプルを発注したの？

中澤　いいえ、普通はサンプルをチェックして、何度かやりとりした後に量産という流れですが、それでは時間がかかりすぎます。そんなに時間をかけるつもりはなかったので、その場で発注しました。最初から量産してもらえば、企画から二カ月で販売できます。

田原　いきなり発注はすごいね。でも、売れなければ不良在庫です。不安はありませんでしたか？

中澤　自分で担いで売り歩けば売り切る自信がありました。努力目標の数をつくって、とりあえずつくってみたという感じですね。

企画から二カ月で二四製品を発表

田原　UPQの商品発表は八月です。企画から二カ月で発表というスピードにまず驚きますが、スマホだけでなく家電も含め計一七種二四製品を発表した。これはどうして？

中澤　量産を決めて発注してしまうと、あとは待つしかありません。その間、ポカンとしているのはつまらないので、いろいろつくっちゃいました。たとえばきれいな写真も撮れる一四メガのアクションカメラや、タッチパネルの透明なキーボードを。

田原　透明のキーボードがいま、目の前にあります。これはどんな利点があるのですか。

中澤　やだ、田原さん、利点は重要じゃないんですよ。これは見た目が未来っぽくてカッコいい。ユーザーのみなさんに使ってみたいなと思ってもらうこと。それが大事なんです。

田原　そういうものですか。製品はみんな薄い緑色ですね。

中澤　色を揃えたのは、UPQから世の中に対しての「はじめまして」の挨拶です。ですから、グリーンがコーポレートカラーというわけではなく、色は毎シーズン替わります。ファーストシーズンがグリーンだったのは、一五年の流行カラーだったから。じつは、その年の流行を取り入れられるというのがUPQの強みの一つです。大手の携帯は企画から発表まで二年かかりますが、うちは二カ月。だから実際に流行っている色を確かめてから製品化できます。

田原　ほかにはどこに強みがありますか。価格は大手に比べて安い？

中澤　スマホは大手なら二万数千円くらいで、UPQは一万四五〇〇円。さっきのアクションカメラだと、大手が四万円前後で、UPQは一万五五〇〇円です。機能を抑えていることもありますが、同じスペックでも、私たちは人を抱えていないし、開発時間も短いぶん安くできます。

田原　売れ行きはどうですか？

中澤　ありがたいことに全商品、もうすぐ完売です。スマホやアクションカメラなど増産した商品も多いです。最初に「DMM. make STORE」に置いてもらったり、蔦屋家電さん、ビックカメラさん、ヤマダ電機さんなどあちこちから声をかけていただいたことが大きかったですね。

こだわりがあれば心に引っかかる

田原　こう言っちゃ何ですが、UPQはまだ実績がなくて無名です。どうして量販店が目をつけたんだろう。

中澤　担当の方は、モノはたくさんあるけど、目新しいものがなくて売り場がつまらなくなっているとおっしゃっていました。稀少価値のあるものを置いてみたいということで、声をかけてくださったようです。

田原　商品がほぼ完売したということは、販売の機会ロスがあったと考えることもできます。第二シーズンはもっとたくさんつくるんですか。

中澤　次は一六年二月に出ますが、私の中ではまず売り切ることが目標です。いくら儲かるからこれだけつくろうというようなビジネスライクなやり方はあまり考えていません。

田原　おもしろい。中澤さんはあまり商売っ気がないね。あなたにとってＵＰＱの仕事はいったい何だろう。

中澤　ライフワークとか趣味みたいなものですね。ものづくりをしていれば何か問題が発生してつらい思いをすることはあります。そのときに「仕事だから」という割り切りでは、きっと乗り越えられない。つらいことも自分なりに咀嚼して前に進めるのは、やっぱり好きだからなのだと思います。まあ、趣味といっても、私の場合は嗜む趣味ではなく、命をかけてやる趣味かな。

田原　会社を大きくすることには興味はない？

中澤　大きくなると、ある人はカメラの一部、ある人はガラスというように分業化されて、自分が何をつくっているのか見えづらくなります。私はそれを〝冷たいものづくり〟って呼んでいますが、そうやってできたものはすぐ飽きられて捨てられがちです。それはやっぱり悲しいので。

田原　逆に、どうすれば捨てられない商品ができると思いますか？

中澤　つくった人のこだわりが見えるといいなと思います。たとえば機械が壊れるときに、「長い間使ってくれてありがとう」というメッセージが出てきたら、ちょっとホロッとしませんか。実際にユーザーがそのメッセージに気づくかどうかわからないけど、細部につくった人のこだわりがあれば、どこか心に引っかかるんじゃないでしょうか。

田原　最後に一つ、失礼なことを聞かせてください。中澤さんは若くてきれいだから、広告塔的存在にすぎず、バックにほかの人がいると疑われたりしませんか。

中澤　よく言われますが、気にしていません。私は私のことを好きになってもらうより、ＵＰＱの商品はいいよねって言われたい。そもそもＵＰＱの商品は私一人の力ではなく、中国や韓国の仲間に支えられてつくられています。彼らにとっても、商品を好きになってもらうことが何よりうれしいはず。私自身の評価や評判はどうでもいいと思っています。

田原　わかりました。これからも頑張ってください。

一〇年後の自分が見えて嫌になりました

スペースマーケット社長

重松大輔

一九七六年、千葉県生まれ。中学校の教員をしていた両親のもとで育つ。千葉東高校ではラグビー部に所属。九五年、早稲田大学法学部へ進学。NHK『ためしてガッテン』のADや不動産会社などでアルバイトを経験。二〇〇〇年大学卒業後、NTT東日本（東日本電信電話）へ入社。インターネット回線の販売促進やPR誌の作成などに従事。〇六年、職場の同期が始めたフォトクリエイトに参画。新規事業、広報、採用などを手掛け、事業拡大に奔走。一三年には東証マザーズ上場を経験。一四年海外のビジネス事情などを研究し、一〇〇の事業案を検討。ベンチャー投資家の妻のアドバイスも受け、オンラインでスペースを貸し出すスペースマーケットを設立。

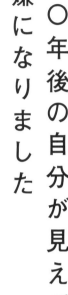

遊休スペースと利用者をマッチング

田原　スペースマーケットは、シェアリング・エコノミーの会社だそうですね。最近田原　よく聞くUberやAirbnb、先日取材したメルカリも同じだという。基本的な質問で申し訳ないですが、シェアリング・エコノミーはどのようなビジネスを指すのですか？

重松　定義はいろいろありますが、私たちの領域でいうと、遊休資産のマッチングですね。世の中には使われていない土地とか、活用されていないスキル、クルマの空いている時間など、本当は役に立つけど一時的に余っているリソースがいろいろあります。それらを使いたい人たちとプラットフォーム上でつなげて貸し出すのです。私たちの場合は、取り扱う遊休資産がスペース、つまり空間というわけです。

田原　マッチングはどうやってやるんですか。インターネット？

重松　はい。空いているスペースを持ったオーナーは、弊社のサイトに登録をしてもらいます。サイトには貸し出し可能な空間の写真が並んでいて、借りたい人は

田原　それを見て選び、条件に合意したら契約が成立です。

重松　具体的にはどんな場所を貸し出してもらえるのですか？

田原　本当にさまざまです。会社の会議室から、映画館とか、お寺や教会というのもあります。

重松　映画館？

田原　映画館はもともとイベント用に貸館をやっています。平日の午前中はお客さんが少ないですから、映画館によっては上映するより貸し出したほうが儲かります。実際、私たちのサービスを使って社員総会を開いている企業もあります。

重松　お寺も貸しているのですか？

田原　いまお寺は檀家離れが起きていて、廃寺になるところもあります。そういう時代ですから、少しでも人が来るきっかけになればいいという思いで登録してくださるお寺さんが多いのです。利用者の反応もよくて、いつもより落ち着いて会議ができたという声もいただいています。

重松　利用は企業が多いですか。

田原　個人で利用する方も大勢います。たとえばいま九段下にある教会は個人の方に大人気です。普段から音楽会や勉強会に利用されていますが、ちょっとしたキッチンスペースがあって、パーティーをやるのにちょうどいい。靖国神社のすぐ隣にあるので、お花見にも向いています。

離島でコスプレイベント

田原　ほかに、重松さんのところだから借りられる場所はありますか。

重松　珍しいところでいうと、無人島でしょうか。横須賀に猿島という島があります。船で一〇分くらいのところで、夏はバーベキュー客でにぎわっているのですが、冬は閑散としていて船が出ない日もある。横須賀市に提案したところ「冬なら島をまるまる貸してもいい」と。

田原　島はすごいな。いったい何に使うんだろう。

重松　先日、コスプレーヤーの撮影会イベントで利用されていました。当日は一二〇人くらいの方が島に上陸されたそうです。島単体だと貸切料は七万円なのですが、参加者が船をチャーターしたりほかに買い物をしたりするので、地元への経済効果が大きい。また、参加者が写真を撮ってTwitterやInstagramにアップするので観光のアピールにもなる。自治体の方はとても喜んでいました。これからほかにもユニークな使い方が出てくるかもしれません。

田原　利用料金はどうですか？　空間によってかなり違いそうだけど。

重松　安いところは一時間五〇〇円前後からあります。一番高いのは遊園地で、一時間借りて一五〇万～三〇〇万という施設もあります。

田原　やはり通常より安い？

重松　基本的には安いです。たとえば撮影に使うスタジオを普通に借りると、通常は二〇万～三〇万円ほどかかります。一方、弊社のサービスで探すと、五万円以内で借りられるものもある。オーナー次第ですが、総じて安いと思っていただいてかまいません。

田原　重松さんのところは、マッチングの手数料で稼ぐのですか？

重松　はい。利用料金に対してマージンをいただいています。

田原　そうすると、利用料金は高いほうが儲かるわけだ。通常より安く借りられることを売りにしていると、あまり儲からないんじゃない？

重松　たしかに利用料金は高いほうが、私たちやオーナーさんにとってはありがたいです。ですから、利用者の方に納得していただける形で料金を上げていく工夫はしています。たとえばオーナーさんに対して、壁紙を変えたら高級感が出ますよとか、最初は低料金で始めて、いい評価が定着したらエリアの相場に合わせて少し料金を上げませんかといった提案もしています。みなさん最初は素人同然なのですが、やっていくうちにどんどんプロになっていく。堀江貴文さんが「シェアリング・エコノミーは素人革命だ」とおっしゃっていましたが、本当にそう感じます。私たちは、そのお手伝いをしている感覚です。

人生を変えたバイト先社長の一言

田原　重松さんが起業されるまでのお話もお聞きしたい。

重松　高校・大学といろいろなアルバイトをやりました。なかでもＮＨＫの『ためしてガッテン』という番組のＡＤは五年やっていました。

田原　そんなにやっていたのなら、ＮＨＫに入ればよかったじゃない。

重松　ですよね。じつは受けたけど落ちたんです（笑）。あとは、不動産会社でのアルバイトもおもしろかったですね。社員数人の小さな会社でしたが、社長が叩き上げの人で、帝王学を教えていただいた。私は両親が中学校の先生で、親戚にも起業家はいない。その社長に「おまえは起業に向いている」と言われては

田原　じめて自分で事業をやることを意識し始めました。

重松　ただ、最初に入社したのはNTT東日本ですね。

田原　私が就活していたのは二〇〇〇年ごろ。当時はこれからの時代はインターネットといわれていたし、NTTは人気ランキングでも一位でした。

重松　NTTではどんな仕事をされていたのですか。

最初は千葉の支店で営業です。当時はISDNという商材があって、個人のお客様に加入促進する仕事をしていました。それを二〜三年やって、PRの担当に異動。法人のお客様向けのPR誌の編集長になって、好きなことをやらせてもらいました。

NTTを辞めベンチャー企業へ

田原　自由に仕事ができたのに、NTTを辞めてフォトクリエイトというベンチャーに転職されますね。

重松　NTTはキャリアステップが明確で、一〇年先の自分がはっきり見えるんです。当時、「あいつは四〇歳前後で何とか支店の課長になる」と言われていた同期の友人は、いま実際に某支店の課長になっています。先のことがきちんと計算できる世界はいい面もあるのですが、私は違和感を感じました。それでNTTの同期が起業したベンチャーに転職したのです。

田原　どんな会社だったんですか?

重松　イベントにカメラマンを派遣して、撮影した写真をインターネットで販売する事業をやっていました。たとえば東京マラソンなら、一大会で三万五〇〇〇人が走ります。そこにカメラマン一〇〇人を派遣して、一〇〇万枚くらい撮ってサイトにアップ。ランナーは後日、自分のゼッケン番号で検索をして、気に入った写真があれば購入できるという仕組みです。

田原　でも、マラソン大会は年に数回でしょう?

重松　ほかのイベントもやっています。たとえばコンサートの写真を撮ってオフィシャルで販売をしたり、幼稚園や保育園の遠足にカメラマンを派遣したり。私がかかわったところでいうと、ウエディング写真もいいビジネスになりました。それまで結婚式の写真って、新郎新婦の手元に届くまで二～三カ月かかっていたんです。デジカメとネットの時代になっても、それが変わらないのはおかしい。そこで速さを大事にして、式の一週間後に参列者が見て買えるというサービスを立ち上げました。これがとても好評で、いまは結婚披露宴市場で約二割の方に利用されるサービスに成長しているはずです。

米国のトレンドは、三年後にやってくる

田原　フォトクリエイトで重松さんはイキイキと働いていらっしゃったんですよね。なのに、どうして独立したのですか。

重松　一三年に東証マザーズに上場したことが契機になりました。上場は、仕組みを一つ完成させて、その仕組みが社会の評価を受けた証しです。そこで達成感があったので、またゼロからイチをつくり出したいと考えました。

田原　それで思いついたのがスペースマーケットの事業だったのですか。

重松　そうですね。最初に一〇〇個ほどアイデアを出して、妻とああでもないこうでもないとやって、いまの事業のアイデアが出てきた感じですね。

田原　えっ、奥さんと？

重松　妻はサイバーエージェントのベンチャーキャピタル部門にいました。いまは別の会社にジョインして、ベンチャーキャピタリストとして働いています。家に

プロの投資家がいるので、壁打ちを繰り返してビジネスプランを磨いていきました。

田原　どうしてスペースレンタルになったのですか。

重松　シェアリング・エコノミーの大きなトレンドが魅力でした。アメリカのベンチャーをリサーチしていたら、やはりシェアリング・エコノミーをやっている会社が急成長していました。向こうのビジネスは、だいたい二〜三年遅れで日本にやってきます。日本にはまだシェアリング・エコノミーのプレーヤーが少なかったので、やるならいまだろうと。

田原　シェアリング・エコノミーといっても、シェアするものはいろいろあります。重松さんが空間に注目したのはどうしてですか？

重松　フォトクリエイトで全国の結婚式場に営業に行くと、平日の昼間は本当にガラガラなんです。すごく豪華な施設なのに誰も使っていないのはもったいない。支配人さんにそう話すと、みなさん「困っている」と言います。一方、私も会社の採用説明会でホールを借りる必要があったときに、「専用のホールじゃなくてもいい。どこかの会社のセミナールームを安く借りられないものか」と考えたりしていた。そうしたミスマッチがあることは身をもってわかっていたので、空間にコンセプトを与えて貸し方を工夫すれば、必ず借り手がつくという自信はありました。

民泊分野ではAirbnbがライバル

田原　サービス開始から二年になりますが、利用者は増えていますか？

重松　現在はリクエストベースで月約二〇〇〇件、全体の登録件数が約五二〇〇件の規模になりました。

田原　将来は上場も考えてる？

重松　はい。東京オリンピックまでには何とかしたいです。

田原　海外展開はどうですか。

重松　やりたいですね。アジアのイベントに呼ばれて行くと、パキスタンやインドネシアの方がすごく興味を示してくれます。まだリサーチ中ではっきりしたことはわからないのですが、アジアは地域の寄り合いのような集まりが多く、集会所へのニーズが高いようです。一方、シンガポールのように国際的なカンファレンスが盛んな国もある。まずは国内ですが、いずれは海外にも展開してみたいです。

田原　今後も空きスペースのマッチング一本ですか。

重松　ベースはあくまでもスペースのマッチング事業ですが、それだけにこだわるつもりはありません。たとえばスペースに料理をケータリングするビジネスもおもしろい。また、二年近くやってどのようなスペースが人気なのかわかってきたので、自前でスペースを所有して貸し出すことも考えています。

田原　今後ここを増やしていきたいというスペースはありますか。

重松　地方自治体の公共施設ですね。公民館を借りるのは意外に面倒なんです。たとえば書類を何枚も書かなきゃいけなかったり、指定された時間に窓口に並ばなければいけなかったりして、手続きが大変なのです。それらをすべてウェブで可視化して簡単に申し込めるようにすれば、自治体にも利用者にもメリットがある。ここは力を入れていきます。

田原　民泊はやらないのですか。

重松　じつはいま準備しています。民泊を取り巻く環境はここ一、二年で急激に変わっていくはずなので、やらない手はありません。

田原　Airbnbはライバル？

重松　向こうはこちらを気にかけていないと思いますが、私はライバルだと思って挑戦していくつもりです。ただ、手をつなぐべきところはしっかり手をつなぎたい。業界として規制緩和の流れをつくっていかないと、おそらく彼らも私たちも困ります。

田原　Airbnbと戦って勝てますか。

重松　私たちはスペースレンタルで各自治体とのコネクションを築きつつあるので、そこは強みになるはずです。自治体は企業のイベントや国際カンファレンスを誘致したがっています。私たちはそのマッチングができるし、イベント開催に伴う宿泊施設不足に対してセットで民泊を供給できれば、さらに魅力的な提案ができるんじゃないかと思います。

田原　わかりました。ここ数年が勝負ですね。期待しています。

ジョブズのスピーチを聴いて目覚めました

松本恭攝《やすかね》

ラクスル社長

一九八四年、富山県生まれ。父・母・兄と公務員の家庭で育つ。二〇〇四年、慶應義塾大学商学部へ入学。国際ビジネスコンテストサークル「OVAL」に参加。〇八年、外資系コンサルティング会社A.T.カーニーに就職。M&Aの価値算定やコスト削減プロジェクトに従事。〇九年にテクトニクス（現ラクスル）を創業し、印刷価格比較サイトを立ち上げ。一三年、オンラインで印刷所のネットワークをつくるEC事業を開始。半年で月商二〇〇〇万円まで伸長。一五年、米国ベンチャーキャピタルなどから四〇億円の資金を調達。配送業者マッチングサイト「ハコベル」のサービスを開始した。

人生を変えたジョブズの演説

田原　松本さんのお名前の「攝」ってどういう意味ですか。

松本　「摂」の旧字体で、優しさという意味です。実家の本家が寺の家系で、祖父や父、そして兄と私も、代々引き継いでいる字だそうです。

田原　伝統ある家系から、ベンチャー起業家が生まれるのはおもしろい。

松本　私は富山出身で、父と母は富山県庁、兄は高岡市役所という公務員一家。大学を卒業して外資系のコンサルティング会社に就職したときは、「松本家から民間人が出た」と親戚一同から驚かれました（笑）。

田原　どうして民間に行こうと考えたのですか。

松本　学生のころに、国際ビジネスコンテストの企画運営をするサークルに入ったことが大きかったですね。

田原　国際ビジネスコンテスト？

松本　日本と中国と韓国の大学生と院生によるビジネスコンテストです。日中韓から三〇人ずつ参加して、三人一組で、課題に沿ってビジネスプランを競います。

田原　そういうコンテストを企画しているサークルがあるんですね。

松本　私が大学生になった二〇〇四年はコンテストを始める前で、中国や韓国にまだ組織がない状態でした。そこから組織を立ち上げて、企業を回ってお金も集めました。ゼロからつくっていくプロセスがとても楽しくて、その経験がいまの起業にもつながっています。

田原　開催場所は東京ですか？

松本　第一回は、東京の代々木でした。第二回は北京でしたが、開催までがたいへんでした。

田原　どうして？

松本　当時は日中関係が悪化していて、日系のＧＭＳが投石を受けていました。それで政府から、政治的に不安定なので控えてほしい、という話があったのです。ただ、実際に北京に行くと、日本のメディアが伝えていることと乖離がある。不安な要素はあるのですが、学生同士はやろうとしていることが一緒で、日中関係にも悲観はしていない。これなら大丈夫だと考え、反対を押し切って開催しました。

田原　そうした経験が、民間に行く理由になったのですか？

松本　そうですね。じつは私は大学受験に失敗して、一年目は浪人、二年目も第一志望に入れませんでした。そのことをコンプレックスに感じていたのは、私自身、偏差値によって人生が決まるという価値観に縛られていたからだと思います。しかし、官僚など頭のいい方たちから「やめたほうがいい」「できっこない」と批判されていたコンテストも、実際に実現できてしまった。そのとき世界観が変わったんです。人の限界を決めるのは能力じゃなくて、想像力。どんなに頭がよくても、想像できない人には可能性がない。そのことに気づいて、自分の選択肢が大きく広がった気がしました。

田原　就職前に海外へ留学していますね。

松本　外資系企業に就職が決まったのに、英語が全然できなかったんです。TOEICは三四〇点。このままではさすがにまずいと思って、バンクーバーに留学しました。

田原　留学中にシリコンバレーへも行っている。これはどうして?

松本　当時、英語の勉強をするために、スティーブ・ジョブズが〇五年にスタンフォード大学で行った演説を繰り返し聴いていました。有名な"Stay hungry, stay foolish"というスピーチです。これを一日に何十回と聴いているうちに洗脳されて、どうしてもシリコンバレーに行って世界を変えようとしている人たちに会ってみたくなったんです。

田原　シリコンバレーはどうでした。

松本　梅田望夫さんの『ウェブ進化論』という本の中に、“making the world a better place”という言葉が出てきます。世界をよりよくするという意味で、シリコンバレーではみんながこれを言っているという話でした。実際に行ってみると、たしかにみなさん同じ趣旨のことを話していて、非常に共感しました。世界をよりよくすることが、本当に正しいことなのか、よくわかりません。でも、理屈ではなく、そういうものだという気がしました。いわばシリコンバレーの宗教ですが、すっかり私も信仰するようになったのです。弊社は“the better system,the better world”、つまり「仕組みを変えれば世界はもっとよくなる」というビジョンを掲げています。

コンサルで見つけたコスト削減のポイント

田原　働き始めて、どうでしたか。

松本　就職したA.T.カーニーでは、主にコスト削減の案件を担当していました。リーマン・ショックがあって、多くの企業は現金を確保する必要に迫られていましたから。ただ、コスト削減はロジックや合理性が大切で、突き詰めれば誰がやっても同じ答えになります。私は「そうぞう」をしたかったので、ちょっと違うなという思いもありました。

田原　「そうぞう」って、どっちの？

松本　両方です。イマジネーションもクリエーティブも、どちらも大切かと。コンサルも上のほうなら新しいものをつくっていけるのでしょうが、下っ端の仕事は代替可能な世界なので、合わないなと思って一年半で辞めてしまいました。

田原　コンサルをお辞めになってラクスルを立ち上げるわけですが、なぜ印刷業界に着目したのですか。

松本　コスト削減の仕事をする中で、印刷費の削減率が大きいことに気がついたんです。印刷業界は非効率な業界で、改善の余地が大きい。それで起業するならここだろうと。

田原　具体的にはどこが？

松本　当時、印刷業界は市場規模が約六兆円で、日本のGDPの約一・二%。そのうち半分は大日本印刷と凸版印刷の大手二社が占めていて、残りの半分を約三万社の中堅中小が奪い合っている。市場規模に対して会社の数が多いため、機械の稼働率が低く、当時で四〇%台。半数以上の機械は動いていません。ここをもっと効率化すれば、お客様に安い料金で提供できるのではないかと。

田原　でも、印刷業界は縮小市場です。よく選びましたね。

松本　逆に、市場が縮小している業界だから選んだんです。新規参入がほとんどなく、イノベーションも起きていません。だからこそ、自分にも仕組みを変えられる可能性が高いんじゃないかと判断しました。

なぜ印刷費が一〇分の一になるか

田原　まず何から始めたのですか。

松本　最初は印刷料金を比較できるサイトをつくりました。たとえば名刺一〇〇枚刷ってほしければ、仕様を入れて検索すると、見積もりを取らずとも印刷会社と料金がわかるという仕組みです。

田原　印刷会社は松本さんのところと一緒にやるメリットはあるの？

松本　印刷会社さんには、サイトに登録することで新たな仕事が取れるチャンスが広がります。実際、一年で一〇〇〇社以上が登録してくれました。

田原　三年でビジネスモデルを変えたそうですね。どうしてですか。

松本　最初の三年間にやっていたのは、印刷会社と印刷してもらいたい人をつなぐマッチングサイトでした。これは印刷会社とお客様の直接の取引です。そのため、お客様から見ると納品された名刺やチラシの品質に満足できなかったり、逆に印刷会社からは、印刷したのに料金が支払われなかったというリスクがありました。これを防ぐために、いったんラクスルとして受注して、印刷会社さんに発注する仕組みに変えました。

田原　たとえば松本さんのところに新聞の折り込みチラシを一〇〇〇枚頼むと、いくらですか？

松本　送料込みで二〇〇〇円からです。従来だと二万〜三万円ですから、一〇分の一です。

田原　そこを聞きたい。ラクスルはどうして安いのですか？

松本　もともと印刷業界は下請けが多い業界です。というのも、印刷機によって刷れるものが限られているから。たとえば名刺の印刷を受注しても、ポスターを刷る印刷機しかなければ印刷できません。そのため仕事を印刷会社同士でどんどん回していく構造になっていて、それが料金を押し上げる要因になっていました。

田原　ラクスルも同じじゃないの?

松本　従来はどの会社にどのような印刷機があるのかが可視化されていなかったので、仕事の回し方が非効率でした。一方、私たちは価格比較サイトで関係ができた二〇〇〇社のネットワークの中から、最適な会社と印刷機を選んで発注しています。稼働状況も把握しているので、空いた機械を活用して効率的に印刷でき、そのぶん料金も抑えられます。

安く提供すれば客層が広がる

田原　シェアリング・エコノミーといってもいいのかな。

松本　始めたときにはシェアリング・エコノミーという言葉もなかったので意識していませんでしたが、考え方は似ていますね。

田原　なるほど。お客さんはどれくらいですか。

松本　ユーザーは二五万人です。

田原　ただ、シェアを高めても、市場が縮小すると厳しいのでは？

松本　いま減っているのは雑誌や本です。一方、私たちが得意としているのはチラシや名刺といった少量印刷。この分野はそれほど減っていないので問題ありません。

田原　ただ、量は変わらなくても、単価が下がれば市場は縮小しますね。

松本　じつはお安く提供することで、新たなニーズが掘り起こされています。いままで印刷会社はチラシ一〇〇〇枚というような小ロットの印刷を受けてきませんでした。営業や配達の人件費がかかり、儲けがないからです。しかし、私たちはインターネットで固定費を抑えているので、一〇〇〇枚二〇〇〇円でも利益が出ます。その価格で提供できれば、これまでチラシの印刷を頼みたかったが頼めなかったお客様からも注文していただけます。

田原　そうすると、むしろ市場が広がっていく可能性もあるわけだ。

松本　ウーバーと一緒ですね。ウーバーは単価を下げることで、いままでタクシーに乗らなかった人の需要を掘り起こしています。印刷業界でも、単価を下げることで新たなお客様を取り込めるはずです。

物流業界にもイノベーションを

田原　最近、印刷だけでなく物流のサービス「ハコベル」も始められた。これはどういうものですか。

松本　運送会社のトラックの空いている時間に物を運ぶサービスです。物を運んでもらいたい人がスマホに条件を入力すると、その情報が中小の運送会社や個人のドライバーさんのところに届き、マッチングが成立したら実際に物を運びます。ウーバーのトラック版をイメージしてもらえればいいと思います。

田原　なるほど。これもシェアリング・エコノミーですね。登録しているトラックはどれくらいあるのですか？

松本　約六〇〇〇台です。トラック業界も印刷業界と似ていて、たくさんの下請けがいます。具体的にいうと、下請け構造の一番下にいる軽トラやミニワゴンは約二七万台。ここをさらにネットワーク化して、荷主とドライバーが直接やりとりできる世の中にしていきたいなと。

田原　こちらも安いのですか。

松本　印刷ほどではありませんが、こちらも二〜三割は安いです。

田原　そうですか。もう一度、印刷のほうを聞きます。ラクスルは海外ではやらないのですか？

松本　印刷機の空き時間を活用したビジネスを始めたのは、私たちが世界で初めて。それを見て、いろんな国の起業家から「うちでもやりたいからノウハウを提供してくれ」という話が来ています。私たちは直接海外でやるのではなく、そういった会社に出資をして、展開しています。いまインドネシアの会社に出資していて、インドやタイでも検討中です。

田原　アジアですか。アメリカでもおもしろそうだけど。

松本　たしかに欧米でも印刷機の空き時間活用の仕組みはないのですが、インターネットで印刷物を販売するマーケットはすでに存在していて、後発でそこに割って入るのはちょっと難しい。アジアはインターネットによる販売にも参入の余地があるので、チャンスが大きいといえます。

田原　さて、起業して六年半経ちました。事業は黒字化していますか。

松本　いや、黒字ではなく、まだ初期投資の段階です。eコマースはかなりの初期投資が必要なんです。楽天さんも、アマゾンさんも、みんな一〇〇億円以上使っています。私たちはいま外部から五八億円の出資をいただいていますが、それも大きな事業をつくるために使っています。

求めるのは儲けより社会をかえること

田原　黒字化はまだ先ですか。

松本　私たちがやりたいのは、利益が強く出る会社をつくることではなく、業界のあり方を変えること。世の中のインフラになるくらいのインパクトのある事業をやりたいので、利益よりも投資が優先です。

田原　なるほど。儲けを一番に考えていないのがおもしろい。

松本　いまは儲けようとして儲けられる世の中ではないと思います。大切なのは、社会の大きな課題を解決すること。それが結果的に事業の成長、ひいては儲けることにつながっていくのではないでしょうか。

田原　期待しています。ぜひ頑張ってください。

会社の看板がなくても稼げるようになりたくて

ビザスク社長

端羽英子

一九七八年、熊本県生まれ。高校卒業後、東京大学経済学部へ進学。二〇〇一年、大学卒業の直前に結婚し、ゴールドマン・サックス証券に入社。投資銀行部門で企業ファイナンスなどに従事。入社半年で妊娠し、一年で退社。女児出産後、USCPA（米国公認会計士）を取得。〇三年に日本ロレアルに入社。化粧品ブランドの予算立案・管理を経験。〇五年、夫の留学に同行し家族で渡米。一年間主婦をした後、MIT（マサチューセッツ工科大学）へ通い、MBA（経営学修士）を取得。〇七年帰国後に離婚し、投資ファンドのユニゾン・キャピタルに入社。新規事業の支援や企業投資業務に携わる。一二年、スポットコンサルティング事業を展開するビザスクを設立。

アドバイザーは四十代、大手企業の課長

田原　さっそくうかがいます。ビザスクは、どのようなサービスですか？

端羽　スポットコンサルティングをしてほしい人と専門家をマッチングさせるサービスです。たとえばある企業が新規事業を始めたいが、進出したい分野に詳しくないとします。このとき、進出したい分野の専門家とマッチングさせて相談をしてもらい、フィードバックを受けられます。

田原　マッチングはどうやるの？

端羽　二通りあります。一つはウェブ上で完結するマッチング。現在、ビザスクには一万七〇〇〇人のアドバイザーが登録されています。たとえばベトナム進出時の現地採用に悩んでいたら「ベトナム、採用」と検索をかけて、ヒットしたアドバイザーにオファーを出します。アドバイザーが了解すれば、契約が成立。実際のコンサルティングは対面や電話です。この場合、料金は一時間五〇〇〇円から。実際には一万円と一万五〇〇〇円の依頼が多いです。

田原　もう一つは？

端羽　私たちがフルサポートでマッチングのお手伝いをします。こちらは大企業のお客様が多く、まず私たちのほうからアプローチします。たとえばある企業が新規事業をやるという新聞記事を読めば、そこに営業をかけたり、私たちのセミナーにお呼びしたりします。それでご利用いただけることになれば、ニーズをうかがって最適なアドバイザーをマッチングします。料金は謝礼込み一時間五万円からです。

田原　マッチングの手数料がビザスクの稼ぎになるわけですか。

端羽　はい。ウェブ上でマッチングした場合は料金の三〇%が手数料。フルサポート型は固定フィーと謝礼額に応じて手数料を設定しています。

田原　アドバイザーは、どのような人たちですか？

端羽　設定しているペルソナ（人物像）は、「四十代、大手企業の課長」。現役で企業にお勤めの方が七割前後いて、残りがフリーランスや専門職、企業からリタイアした方です。

田原　登録は実名制ですか？

端羽　登録は実名で、サイト上で名前を公開するかどうかを選ぶことができます。

田原　じゃ、ほとんどが匿名だね。

端羽　ほとんどの人が実名です。とくにオープンなのは製造業にお勤めの方で、社名を公開している方も少なくありません。一方、金融機関の方は伏せているケースが多いですね。謝礼も受け取らない傾向が強いです。

田原　謝礼を受け取らないの？

端羽　謝礼なしといっても謝礼が発生しないわけではありません。副業禁止などの事情がある人などに向け、謝礼の代わりにＮＰＯに寄付できる仕組みを用意しています。自分の懐に入らなくても登録してアドバイスを行う理由は、だいたい二パターンです。一つはセカンドキャリアを見据えて、自分の知見にどれだけの市場価値があるか知っておきたいという人。もう一つは、軽い気持ちで登録したら本当に引き合いがあって、謝礼を受け取れないから寄付をする人です。いずれにしても、お金儲けを目的に登録している人は少ない印象です。

父が教えてくれた金融の世界

田原　端羽さんは東大を卒業して、ゴールドマン・サックスに入社された。どうして投資銀行に？

端羽　父親が熊本の地銀に勤めていて、幼いころから「産業を育てるのは金融だ」と聞かされていたのです。しかも、「これからは銀行が直接お金を貸す時代ではなく、間接金融の時代だ」とも言っていました。言うとおりだとすると、企業の資金調達を助ける投資銀行はやりがいがあるんだろうなと。

田原　その仕事を一年で辞めてしまいますね。これはどうして？

端羽　じつは大学の卒業直前に結婚していて、一年目で子どもができたんです。ゴールドマン・サックスは深夜一二時に帰ることができれば「今日は早いね」と言われる職場。子どもを育てながら続けるのは無理です。「私だけ早く帰ってごめんなさい」という気持ちで仕事をするのは嫌だったんです。

田原　それで次に日本ロレアルに転職。ところがここも一年半でお辞めになって、アメリカに留学する。

端羽　夫のボストン留学が決まったんです。せっかくだから、自分も学校に行こうかなと。私が通ったのはＭＩＴ（マサチューセッツ工科大学）のＭＢＡコースです。ＭＢＡにしたのは、起業を視野に入れていたから。自分の中に出産で組織から一回外れたというコンプレックスがあって、将来は組織の中で勝負するより、自分で力試しをしたいという気持ちがありました。

田原　日本からアメリカに環境を変えて、何か発見はありましたか。

端羽　日本では、私がごりごり働いていたときに母から「一〇時過ぎまで保育園に預けるなんて、子どもがかわいそうだ」と叱られていました。日本は、お母さんに求められるものが多すぎるのです。一方、アメリカはお母さんが普通に働いていて、まわりもそれを当然のように受け止めています。MITで出会ったお子さんがいる女性は、どんなボランティアをしているかと問われたとき、「私はみんなよりすごいボランティアをしているわ。だって、子どもを育てているのだから」と答えていました。それを聞いて、アメリカは堂々と言えていいな、本当はこんなに自由なんだと思いました。

田原　MBAを取得して日本に帰国。離婚してシングルマザーになった。

端羽　ボストンで離婚を決めました。

田原　帰ってきて起業するかと思ったらユニゾン・キャピタルというファンドにお勤めになる。

端羽　MITですごい人たちにたくさん会いました。彼らに比べると、自分は起業の準備が全然できていませんでした。そこで、経営に近い立場で企業と接することができるファンドがいいと考えました。

田原　ここは五年でお辞めになる。

端羽　会社から「若手としては優秀だが、リーダーシップが足りない」と言われまして。生意気だったので、「上が詰まっている会社じゃリーダーシップなんて発揮できません。起業します！」と会社を辞めました。

田原　起業の具体的なプランはあったのですか。

端羽　なかったです（笑）。何をするか考えようという段階でした。

田原　そこで考えたのがビザスク？

端羽　いいえ、紆余曲折があります。まずは、会社に頼らずに生きる人たちを救えるサービスがいいなと考えました。私自身、組織で働くことに悩んできました。だから組織の看板がなくても、個人の名前で稼げる仕組みをつくりたかった。具体的に浮かんだのは、「自分の経験×物販」です。たとえば「会計士歴一〇年の人が選ぶ××」とか、「熊本出身のビジネスパーソンが選ぶ熊本土産」というように個人のバックグラウンドとEC物販を組み合わせたら売れるだろうと。

田原　おもしろそうじゃないですか。

端羽　そう思いますよね。実際、アメリカに同様のサービスがあって流行り始めていました。ところが、ダメでした。知人の紹介でEC事業をやっている方にアドバイスをもらいにいったら、一時間、コテンパンに言われてしまったんです。「配送は外に出すの？」「投資先で経験ある？　その会社と君の会社で、業者が同じ料金でやってくれるわけがない」と痛いとこを突かれまして。

田原　つまり机上の空論だと指摘されたわけだ。

端羽　でも、ぐうの音も出ないほどにやられたことで、ほかのことに気づきました。私、このアドバイスにならお金を払ってもいい。そうだ、人の経験×コンサルティングでサービスしたらウケるんじゃないかと。

田原　なるほど。そこでビザスクのアイデアにつながるのか。

端羽　はい。そのことをその場でお話ししたら、「アメリカにスポットコンサルティングサービスがある」と教えていただきました。調べてみると、大企業やコンサル会社が各分野のエキスパートにインタビューできるサービスが存在していて、日本以外の主要国では広く利用されていました。それで、同じサービスを日本でやろうと。

田原　なぜ日本にはスポットコンサルが普及しなかったんだろう。

端羽　アメリカ最大手の会社が、日本に小さなオフィスを構えていたのでヒアリングにいきました。わかったのは、日本のことを知りたい人は多いが、話してくれるエキスパートが少なくて定着しないこと。その理由は二つです。一つは、日本企業の人たちには外資アレルギーがあること。この問題は日本人である私たちが起業すれば解決できます。そしてもう一つは、日本は副業禁止の会社が多いこと。この問題も、当初は出産や育児で組織を離れた女性にアドバイザーになってもらうつもりだったので心配していませんでした。

田原　ニーズがあって、アドバイザー側の問題がクリアできるなら、やらない手はないですね。

端羽　そう考えて二〇一二年三月に起業して、一三年の一〇月から本格的にサービスをスタートさせました。

起業家のほうが子育てしやすい

田原　起業に不安はなかったですか。

端羽　それが全然。まずこのビジネスは絶対イケると思っていました。多額の資金が必要なビジネスではないので、もしうまくいかなくても、せいぜいその間に企業で働いていたら稼いでいたはずのお給料が手に入らなくなるだけ。リターンは大きく期待できるのにリスクが限定的なら、やるしかないなと。

田原　資金は少なくて済む？

端羽　最初はいま、共同創業者になっているエンジニアが、土日にタダで手伝ってくれていました。それで追いつかないところを外注に出すだけだったので、初期は一〇〇万円くらいしかかけていません。エンジニアが本格的に加わり、こんどは給料が発生するようになったので、あるベンチャーキャピタルに資金調達のお願いにいきました。するとﾞ、「本気度が足りない」と厳しいご指摘をいただきまして。人にボロクソに言われるのは、最初にビジネスプランをコテンパンにされたときに続いて二回目。どちらかというと褒められて育ってきたタイプなので、ショックというか、頭にきました（笑）。

田原　それでどうしたの？

端羽　経産省の助成事業に応募しました。成熟産業から成長産業に知識や経験を移すための事業に出す助成で、まさにビザスクにぴったり。二日間で書類を書きあげ、二〇〇〇万円の補助金をいただくことができました。これは最初にベンチャーキャピタルにお願いしたのと同額。先方には「ご指摘いただいたので本気になれました」とご報告しました（笑）。

田原　起業家はハードワークですか。子育ての不安はなかったですか？

端羽　むしろやりやすいのではないでしょうか。いま、娘は中学生ですが、「ママ、鍵忘れた」とオフィスにくることもあります。普通の会社だと難しいかもしれませんが、自分の会社なので融通がききます。

ニーズがあるのは窓際族とヘルスケア

田原　サービス開始時、先に集めたのはお客さんとアドバイザーどちらですか？

端羽　アドバイザーです。アドバイザーが三〇〇〇人になったらニーズを集めにいこうと話をしていました。このラインを越えるのに、だいたい一年かかりました。一四年の秋ごろからシェアリング・エコノミーが注目され始めて、「知識のシェアといえばビザスク」と取り上げてもらえる機会があって、お客様とアドバイザーが増えていきました。

田原　男女比はどれくらいですか？

端羽　登録者の九割は男性です。私は出産や育児でキャリアを中断した女性に知識が眠っていると考えていたのですが、じつは男性も四十代や五十代で出世コースから外れて、「六時に帰ります」という人が多かった。

田原　業種はどうですか。

端羽　製造業やヘルスケア分野が目立ちます。最初はＩＴ系のニーズが高いのかと思っていましたが、ご相談で多いのは新規事業で、とくにヘルスケア分野への関心が高い。たとえば新規事業をやるが、法的な安全基準のほかに自社ルールをつくるなら、どのレベルがふさわしいかといった内容です。

田原　件数はいまどれくらいですか。

端羽　依頼数で月約一〇〇〇件です。ただ、マッチング率は一〇〇％ではありません。ニーズがあるのに専門家が足りません。一六年末にアドバイザーの登録者数三万七〇〇〇人を目標に頑張っています。

田原　フルサポート型とウェブ完結型、どちらを増やしていくのですか？

端羽　ウェブ型です。私たちが目指しているのは、誰もが自分に必要な知見にアクセスできる環境をつくること。プロダクトをもっと使いやすくしていけばサービスの利用が広がって、ウェブ上のほうが大きくなっていくはずです。

田原　なるほど。これからも頑張ってください。

解説

ゼロからキャリアをつくる

ビザスク　端羽英子

起業家には、目標から逆算して計画的にキャリアをつくるタイプと、目の前のやりたいことに挑戦した結果、キャリアが積み重なっている二つのタイプがいると思います。私は断然、後者のタイプです。

学生時代は官僚になるために勉強していました。しかし、出産して子育てするまで働けるだけ働きたいと考え、外資系投資銀行に。でも結局、入社一年目で妊娠して、もう少し早く帰ることができる会社に転職しました。

その後、海外留学や離婚を経て、日本の投資ファンドで働き始めます。じつは留学を機に漠然と起業を考えるようになっていましたが、準備は何もしていなくて、具体的なアクションを起こしたのは、五年後に上司との面談で衝突して「ここではリーダーシップは発揮できない。自分で会社をつくります」と啖呵を切ってから。わりと成り行きまかせの人生ですよね。

ただ、漫然と流されてきたわけではありません。人生の岐路に立ったときにはこちらを選ぶという自分なりの基準は明確に持っていました。

まず一つは、社会にとって新しいことに挑戦するということ。新しいものって、それだけで

積み上げ型キャリアで成功する3つのルール

①目の前のおもしろいことを積み上げる
人生の岐路ごとにその時点で自分が興味がある、やりたい選択肢を選ぶ。

②迷った場合は「やる」を選択
何かに対して「やる」「やらない」の選択肢があった場合には、後悔をしない「やる」選択肢を選ぶ。

③失敗も成長の糧と捉える
他人から失敗と見られる事象も、自分の成長に役立っていると前向きに捉える。

ワクワクするじゃないですか。

そしてやるかやらないかで迷ったら、やるほうを選ぶこと。やらないで後悔するより、やって後悔したほうがずっといい。私は離婚や転職を含め、数々の寄り道をしてきました。人によってはそれらを失敗と呼ぶかもしれませんが、私は何一つ後悔していません。むしろプラスになっているとさえ思います。

自分なりの基準を持ってその都度、納得のいく選択をしていたら、それで十分なのではないでしょうか。いまの会社は、経営者として将来、上場させる責任があると考えています。でも、その先はまだ何もわからない。子どもと世界一周の旅に出ているかもしれないし、また新しい会社をつくっているかもしれません。少なくても私には、こうしたキャリアのつくり方が合っている気がします。

あとがき

未来を切り開こうと日々奮闘している若手起業家たちの考え方に触れて、みなさんはどのような感想を持っただろうか。

僕が強く感じたのは、いまの起業家はお金儲けのためではなく、社会を変えるために事業をやっているということだ。Ｃ Ｃｈａｎｎｅｌの森川亮さんは、もともとＬＩＮＥのＣＥＯだった。そのまま続けていれば彼自身の人生は安泰だったろう。しかし、森川さんは対談でこう語ってくれた。

「僕は前の会社に一二年いて、そのうち社長を八年、ＬＩＮＥに関しても四年やった。そろそろ次の世代へバトンタッチすべきタイミングがきていたと思います。それに僕自身、日本を元気にするような新しいビジネスに挑戦したい気持ちが強かった」

クラウドワークスの吉田浩一郎さんも、起業の目的はお金儲けではなかった。吉田さんは最初の起業に失敗した後、再起をかけて投資家に新規事業への出資を頼みに行き、次のように熱弁をふるった。

「自分はお金にも、社長という地位にも興味があった。女性にもてたかったし、ワインも好きだった。でも、失敗を経て、人の役に立つ事業をしたいということ以外はいらないと本気で思った。だからクルマも売ったし、前の会社で得た貯金二五〇〇万円も、すべてこの事業につぎ込みます。三回、四回と通って、そうお伝えしたら、最終的に出資していただけることになりました」

昔から、社会をよくしたいと志す若者は大勢いた。ただ、全共闘世代は暴力で政府を倒して世の中を変えようとしていた。いまの若い人たちの武器は、火炎瓶ではなくビジネスだ。いままでになかったビジネスをつくり、古いものを市場から駆逐したり、いままで手が届かなかったところにお金を回すことで世の中を変えようとしている。若い人の熱い思いは変わらないが、革命の形が変わったというのが僕の理解だ。

彼らの革命は、まだ道半ばだ。ビジネスによる革命は社会をどこまで変えることができるのか。僕が元気なうちに、ぜひその答えを見せてもらいたい。

最後になったが、本書はプレジデント社の佐藤智洋さん、九法崇雄さん、ライターの村上敬さん、写真家の宇佐美雅浩さんの協力なしに完成しなかった。御礼申し上げたい。

田原総一朗

本書は「プレジデント」誌の連載「田原総一朗　次代への遺言」の一部を修正・加筆したものです。
発言は原則、取材当時のまま掲載しました。

初出

メルカリ社長　山田進太郎　二〇一六年二月一五日号
スマートニュース会長　鈴木健　二〇一六年二月二九日号
メタップス社長　佐藤航陽　二〇一五年一一月一六日号
Ｃ Ｃｈａｎｎｅｌ社長　森川亮　二〇一五年七月一三日号
ドワンゴ会長　川上量生　二〇一五年一〇月一九日号
Ｓｐｉｂｅｒ代表　関山和秀　二〇一六年二月一日号
ＦｉＮＣ社長　溝口勇児　二〇一六年四月一八日号
スターフェスティバル社長　岸田祐介　二〇一六年五月一六日号
ＨＡＫＵＴＯ代表　袴田武史　二〇一五年六月一日号
クラウドワークス社長　吉田浩一郎　二〇一五年五月四日号
ＺＭＰ社長　谷口恒　二〇一五年一一月三〇日号
ビズリーチ社長　南壮一郎　二〇一五年六月二九日号
弁護士ドットコム社長　元榮太一郎　二〇一五年六月一五日号
マネーフォワード社長　辻庸介　二〇一六年一月一八日号
ＵＰＱ社長　中澤優子　二〇一六年一月四日号
スペースマーケット社長　重松大輔　二〇一六年五月二日号
ラクスル社長　松本恭攝　二〇一六年六月一三日号
ビザスク社長　端羽英子　二〇一六年八月一日号